信息化视角下高校档案管理研究

董清晨 ◎ 著

中国书籍出版社
China Book Press

图书在版编目（CIP）数据

信息化视角下高校档案管理研究 / 董清晨著．

北京：中国书籍出版社，2024.7.

ISBN 978-7-5068-9939-0

Ⅰ．G647.24

中国国家版本馆 CIP 数据核字第 2024DC2799 号

信息化视角下高校档案管理研究

董清晨　著

图书策划	成晓春
责任编辑	张　娟　成晓春
封面设计	博健文化
责任印制	孙马飞　马　芝
出版发行	中国书籍出版社
地　　址	北京市丰台区三路居路 97 号（邮编：100073）
电　　话	（010）52257143（总编室）　（010）52257140（发行部）
电子邮箱	eo@chinabp.com.cn
经　　销	全国新华书店
印　　刷	天津和萱印刷有限公司
开　　本	710 毫米 × 1000 毫米　1/16
字　　数	200 千字
印　　张	11
版　　次	2025 年 1 月第 1 版
印　　次	2025 年 1 月第 1 次印刷
书　　号	ISBN 978-7-5068-9939-0
定　　价	68.00 元

版权所有　翻印必究

前　言

高校档案是高校在招生、教学、科研和管理等活动中形成的历史记录，是国家档案的重要组成部分。它关系到高校的建设、人才培养、科学研究和行政管理等，具有凭证、参考、教育、存查的价值。因此，国家和高校都特别重视高校档案管理工作。

随着信息化时代的不断推进，高校档案管理工作逐步走上了数字化、规范化的信息建设道路。高校档案管理的信息化建设是国家引领的发展方向，更是其自身价值完美体现的必经之路。

档案管理工作是一项政策性和专业性要求都很高的工作，档案管理工作人员的综合素质是影响档案管理工作质量的关键因素之一。随着社会经济和信息技术的快速发展，档案管理工作领域从理论研究到工作实践正在发生着深刻的变革。目前，高校在教学、科研、建设等方面投入较大，重视程度较高，然而在档案管理工作水平方面却参差不齐。部分高校档案管理工作存在一些问题，如档案管理模式不清晰、管理过程不规范、管理手段落后、档案资源浪费等。鉴于此，档案管理工作人员必须不断更新观念、与时俱进，创造性地开展工作，要树立发展意识、竞争意识、开放意识和服务意识，以积极进取的思维方式和新的管理模式来激活档案管理工作，使档案服务走出封闭状态，更加贴近现实，更加贴近社会。另外，档案管理工作人员还要善于理论联系实际，在日常工作中积极探索档案管理工作的新途径，总结新经验。

本书共五章。第一章为绪论，主要介绍了信息化时代的档案管理工作概述、信息化时代档案管理的机遇和挑战、档案信息化基本理论、发展战略与规划。第二章为高校档案管理概述，包括档案概述、高校档案管理工作的简要探析、高校档案管理工作的现状、高校档案管理工作的改进措施。第三章为高校档案分类、收集与检索，主要介绍了高校档案分类、高校文件材料的归档制度、高校档案收集的内容与要求、高校档案收集的措施与方法、高校档案检索。第四章为高校档案管理信息化建设，主要介绍了高校档案管理信息化建设的原则、信息化建设对高校档案管理的影响、高校档案管理信息化建设存在的问题。第五章为信息化时代高校档案管理的创新研究，主要介绍了实现高校档案信息化管理的技术应用、信息化时代高校档案管理的安全措施、信息化时代高校档案管理的创新实务。

在撰写本书的过程中，笔者参考了大量的学术文献，得到了许多专家学者的帮助，在此表示真诚感谢。由于笔者水平有限，书中难免有疏漏之处，希望广大同行及时指正。

董清晨

2023 年 7 月

目 录

第一章 绪 论 ··· 1
    第一节 信息化时代的档案管理工作现状分析 ······································ 1
    第二节 信息化时代档案管理的机遇和挑战 ·· 4
    第三节 档案信息化基本理论、发展战略与规划 ··································· 9

第二章 高校档案管理概述 ··· 42
    第一节 档案概述 ·· 42
    第二节 高校档案管理工作的简要探析 ··· 48
    第三节 高校档案管理工作的现状 ·· 52
    第四节 高校档案管理工作的改进措施 ··· 60

第三章 高校档案分类、收集与检索 ··· 76
    第一节 高校档案分类 ·· 76
    第二节 高校文件材料的归档制度 ··· 104
    第三节 高校档案收集的内容与要求 ·· 109
    第四节 高校档案收集的措施与方法 ·· 115
    第五节 高校档案检索 ·· 120

第四章 高校档案管理信息化建设 ·· 133
    第一节 高校档案管理信息化建设的原则 ······································· 133

第二节　信息化建设对高校档案管理的影响 …………………… 134
　　第三节　高校档案管理信息化建设存在的问题 …………………… 137

第五章　信息化时代高校档案管理的创新研究 ………………………… 140
　　第一节　实现高校档案信息化管理的技术应用 …………………… 140
　　第二节　信息化时代高校档案管理的安全措施 …………………… 147
　　第三节　信息化时代高校档案管理的创新实务 …………………… 153

参考文献 ……………………………………………………………………… 167

第一章 绪 论

本章包括信息化时代的档案管理工作现状分析，信息化时代档案管理的机遇和挑战，档案信息化基本理论、发展战略与规划，从总论的角度来叙述信息化时代下档案管理工作的内容，使读者对其有简要的认识和了解。

第一节 信息化时代的档案管理工作现状分析

一、信息化时代的档案管理工作发展趋势

（一）档案管理工作范畴扩展

信息化时代，档案领域有三个重要的变化。首先，传统的档案载体形式正在从实体存储形式转变为数字化存储形式。这一转变主要通过数据压缩技术和高速扫描技术等现代信息处理手段实现。这些技术的应用使得档案管理工作的信息传输和社会化服务成为可能，大大提高了档案管理的效率和便利性。其次，档案的服务对象也有了显著增加。在过去，档案主要服务特定群体，而现在，随着网络技术的普及和发展，档案的服务对象已经扩展到全社会。这意味着档案不再局限于特定的用户群体，而是通过网络平台向更多的用户提供服务。这种转变使得档案的利用更加便捷和高效，满足了更多用户的需求。最后，档案信息的需求范畴也进行了扩展。过去，用户对档案信息的需求主要是个别的、单一的，而现在，随着社会的发展和网络技术的进步，档案信息的需求已经扩展到社会性、系统性的层面。这就意味着用户对档案信息的需求不再局限于某个具体的领域或主题，而

是涉及更广泛的社会问题和系统需求。为了满足这种需求，档案管理部门需要加强合作与协调，为人们提供更加全面和综合的档案信息服务。

（二）档案管理工作手段丰富

进入21世纪后，网络信息技术的飞速发展和广泛应用已经深刻改变了人们的生活方式、生产方式及交流方式。这种变革不仅极大地丰富了人们的生活，也为各行各业的发展带来了前所未有的便利。在这个过程中，档案管理工作也得到了极大的推动和改进。首先，数字化信息技术为档案管理工作提供了丰富的信息收集和处理手段。通过数字化技术，我们可以将大量的纸质档案转换为电子文件，从而实现档案的高效存储和管理。这种方法不仅节约了大量的人力、物力和财力，还大大提高了档案管理工作的效率和准确性。其次，便捷的信息检索技术为档案管理工作提供了更加高效的服务手段。在过去，档案检索往往需要花费大量的时间和精力，而现在，通过先进的信息检索技术，用户可以快速地找到所需的档案信息，提升了服务效率。此外，办公自动化和联网办公技术的普及应用，也为档案管理工作的有效管理提供了强有力支持。通过这些技术，我们可以实现档案的远程访问和信息共享、实时更新和维护，保证了档案信息的准确性和完整性，使得档案管理的工作流程得到优化，提高了工作效率，减轻了工作人员的工作压力。

（三）档案管理工作安全性提高

网络技术在改变档案管理工作形式的同时，也面临着巨大的安全隐患和风险，需要进行更全面的安全考虑。这主要表现在以下几个方面：第一，由于互联网的开放性和便捷性，档案信息在网络上的传播速度和范围都得到极大的提升，这也使得档案信息更容易受到黑客攻击、病毒感染等。因此，如何确保档案信息在网络环境下的安全成为一个亟待解决的问题。第二，随着档案信息的数字化和网络化，优化数据库备份系统和提高灾难时数据恢复能力，对于保障档案信息安全至关重要。一旦发生数据丢失或损坏，高效的备份和恢复系统能够迅速恢复数据，减少损失。第三，随着网络信息技术的不断发展，档案管理工作需要与时俱进，建立和完善相应的网络制度标准，建立健全的法律体系，对侵犯档案网络信息资源的行为进行严厉打击，保障档案信息的安全。

二、信息化时代的档案管理工作目标

（一）规范信息档案立法，优化网络信息数字档案管理制度

1. 信息数字档案的宏观立法问题

将数字信息的管理从虚拟的无政府状态纳入整个国家法制宏观管理中，用法制推动科技进步，并促进科技在各个领域的应用。

2. 信息数字档案的失真立法问题

信息数字档案在输入、存储、传输和提供利用过程中存在着信息失控、污染、干扰等不安全因素，使信息数字档案容易失真，难以成为合法的证据。要进一步完善《中华人民共和国档案法》（简称《档案法》），增加信息档案管理的相关法律条款，从立法的角度解决信息档案资料在法律效力上的问题。

3. 信息数字档案的安全立法问题

安全问题是计算机网络世界的难题，也是网络（数字）档案馆建设面临的重大难题之一。对此，针对信息数字档案的安全问题进行立法，可以有效预防信息档案犯罪，确保网络信息安全。

4. 信息数字档案管理工作人员队伍建设的立法问题

结合档案管理工作和网络信息技术的特点，以立法的形式确定档案管理工作人员的从业资格，可以参照司法考试资格的方式进行档案管理工作人员的工作资格法定化，以提高档案管理工作人员队伍的整体素质和应用信息技术的能力。

（二）加强信息技术应用，提高网络信息数字档案管理效率

1. 网络信息数字档案管理和应用

加强网络信息数字档案管理工作的硬件建设，切实改善各级档案管理部门的信息服务基础设施，创造为社会利用信息资源服务的物质条件。加强网络资源建设，其中包括网络信息资源采集、组织、开发，特别是特色档案馆信息资源库的建设。

2. 以档案信息资源检索为主的网络系统建设

档案信息检索服务主要涵盖了网络化馆藏和网络资源的检索，它是网络档案信息查询的基础。首先，网络化馆藏检索。图书馆开始将纸质馆藏数字化，包括

电子书、期刊、报纸等，用户可以通过信息检索服务轻松地找到所需的资源。其次，网络资源的检索。互联网上有大量的信息资源，用户可以通过信息检索系统快速地找到所需的信息。为了帮助用户更好地使用检索服务，会设置专门的网页来介绍各种数据库的使用方法和注意事项。此外，人机互动可以更为便捷地让用户了解所需信息资源的分布情况，并更为轻松地获取所需信息。

3. 网络信息数字档案馆的建设

网络信息数字档案馆已经成为人们获取信息的重要渠道之一。因此，各档案馆应该充分利用网络信息数字档案馆资源，发挥网络技术的优势，实现资源共享和共建。首先，通过网络信息数字档案馆资源的共享特点可以轻松地扩大信息资源范围，获取到其他地区的档案馆资料。这样一来，就能够更好地满足不同用户的需求，提高信息服务的质量。其次，每个档案馆都是这个数据资源链条上重要的一环，并且都有自己的优势资源，做强自身的同时也为整个数据资源提供了支持。因此，各档案馆应该根据自身特点，提高知名度和影响力，为社会提供优质资源，做出自己的贡献。

第二节　信息化时代档案管理的机遇和挑战

随着信息技术被广泛地应用于人们的生产和生活中，这项技术的发展不但为人们的生活带来了便利，而且使得工作更加高效。传统的档案管理方式已经无法满足现代化社会的需求，而信息技术的应用为档案管理带来了全新的机遇和挑战。

一、信息化时代档案管理的机遇

（一）信息技术使档案的存储、检索更为高效

在过去，档案存储主要依赖于纸质档案，这给档案管理部门带来了许多困难。第一，纸质档案需要大量的物理存储空间，而且随着时间的推移，这些资料会不断增加，导致存储空间不足。第二，纸质档案的管理需要大量的人力和物力，包括档案的分类、整理、归档、检索等，工作量大且效率低。第三，纸质档案容易受到火灾、虫害、潮湿等不利因素的影响，同时也容易损坏或者遗失。第四，纸

质档案的使用需要人工操作，不便于远程访问和共享，限制了档案的使用效率。

信息技术的发展为档案管理带来了前所未有的机遇。数字化技术可以将纸质档案转为电子文件，并存储在云端或服务器上，这相当于创建了虚拟的数字化档案馆。传统的纸质档案需要大量的物理空间来存储和管理，而数字化档案无须实体存储，特别适用于那些无须保留原件的档案。这种转变不仅节省了空间和成本，还使得档案的保存更加安全可靠，特别是为保护宝贵的历史资料提供了有效的解决方案。

信息技术的发展还有助于提高档案的利用价值。通过数字化技术，我们可以对档案进行分类、索引和标注，使得用户能够更加方便、准确地找到所需的信息。

信息技术为档案管理部门赋予了新的活力，使其为社会发展做出更大的贡献。通过建立在线档案查询系统和数字档案库，用户可以随时随地访问所需的档案信息，无须亲自前往档案馆，这不仅方便了用户，还提高了档案服务的及时性和可用性。然而，在享受信息技术带来便利的同时，我们也需要重视信息安全和隐私保护的问题。确保用户在查询档案资料时要符合法律法规和相关的申请程序，同时要确保档案信息的安全性和完整性。在信息技术的加持下，用户可以直接浏览电子档案，管理方也可以利用数字技术快速完成档案的备份，以避免丢失。

（二）信息技术使档案的编辑和研究更便捷

档案管理工作人员可以根据相关的规则和标准，对电子文档进行编号排序、分类存储以及进行内容的编辑和更新。这样一来，无论是按照时间顺序还是按照主题分类，档案管理工作人员都能够快速定位到所需的档案信息，提高了查找效率，避免了档案的重复和遗漏，同时可以通过电子文档管理系统，直接在相应的档案上进行编辑和更新。以往在传统的档案研究中，研究人员需要亲自前往档案馆或图书馆，通过翻阅大量的纸质档案来获取所需的信息。这个过程不但耗费时间和精力，而且对于一些珍贵的档案来说，频繁的查阅和复制可能会对其造成不可逆的损坏。此外，由于档案的数量庞大，有时研究人员很难找到所需的特定文件，进一步增加了研究的难度。随着信息技术的发展，档案研究工作发生了翻天覆地的变化。现在，研究人员可以通过互联网轻松访问电子版本的档案，并且不再需要前往档案馆或图书馆，而是可以在家中或办公室通过电脑或移动设备进行研究。这种便捷的访问方式不但节省了研究人员的时间和精力，而且使他们能够更加专注于分析和解读档案中的信息，档案信息的提供和利用都是围绕着用户展开的，其形式已经发生了深刻的变化。借助电脑系统，用户可以轻松获取所需的档案信息，而且内容更加丰富、直观，甚至可以实现对用户的个性化服务。总之，信息化管理极大地方便了档案研究工作。档案管理的整个流程采用智能化技术后，不仅提高了工作效率，还使得数据更容易统计且客观。

（三）信息技术使档案管理工作具备系统性

过去，档案管理在实践中存在着一种被称为"条块式"的管理问题。这种管理方式的特点是各个部门或行业的档案管理系统可能采用不同的技术和标准，这导致了各个档案管理部门之间存在信息交流壁垒，有时即使找到了相关档案，也可能因为格式不兼容而无法直接使用，这不仅增加了查询的难度，也增加了查询的时间和成本。

随着信息技术的发展，通过信息化处理和智能化管理可以有效解决这些问题。并且，通过建立统一的档案信息网络，可以实现不同部门或行业之间的信息联网和资源共享。这就意味着，无论档案存储在哪里，只要连接到这个网络，就可以方便地查询和使用。

过去，档案信息是独立的个体，缺乏相互联系和共享的机会。然而，随着信息技术的进步和互联网的普及，档案信息转变为一个由相互连接的馆藏构成的网络，这种转变使得档案信息变得海量丰富、易于交互共享且更加便捷安全。一方面，我们需要将全国范围内各级档案馆室的信息资源进行整合和优化，以建立一个多层次、多级别的档案资源脉络体系。这个体系将涵盖各个行业、领域和地区的档案信息，形成一个全面、系统、有序的档案资源网络。另一方面，随着信息技术的迅猛发展，互联网已经成为人们获取和分享信息的重要平台。在这个数字化时代，档案界也逐渐意识到互联网的巨大潜力，开始积极利用这一工具来拓展其影响力和服务范围。通过互联网，档案专家可以随时随地与世界各地的同行进行在线讨论、分享经验和研究成果。这种跨国界的交流不仅促进了档案领域的发展，还有助于加强不同国家之间的文化交流。例如，个人信用档案实行智能化管理后，人们在办理各种事务时，相关部门可以直接通过网络对个人信用信息进行调取，对个人信用评估和信用修复提供更加准确和全面的数据支持。

二、信息化时代档案管理工作新要求

（一）信息化时代对档案管理保密工作有新要求

信息技术的飞速发展使档案的管理和使用变得十分便利。通过数字化、网络化和智能化的手段，档案的存储、检索和共享变得更加高效和便捷。然而，信息技术的发展也带来了信息泄露的风险，对档案安全构成严峻挑战。不法分子利用网络技术，通过黑客攻击、网络钓鱼等手段侵入档案管理系统，窃取重要的档案信息。

在当前的环境下，档案管理安全的重要性日益凸显。除了关注档案的存储和运行状态，为了确保信息安全，涉及机密档案的部门需要采取监控或限制员工使用互联网的措施。互联网是一个开放的平台，存在着各种潜在的安全风险。限制员工使用互联网，可以减少机密档案被非法获取和信息泄露的可能性。同时，加强对计算机系统的监控，有助于及时发现和应对异常行为。

保障电子文件的保密性以及防止信息泄露已经成为一个至关重要的问题。为了解决这一问题，档案管理部门需要采取一系列的措施。首先，我们需要通过电子信息加密和开通用户访问权限来保障电子文件的保密性。通过对电子文件进行加密处理，并对用户的访问权限进行严格的管理，确保他们只能访问所需信息，而不能访问到其他的信息。另外，可以利用"防火墙"等技术来阻止未经授权的访问，能够有效地防止外部的攻击和非法访问。其次，档案管理部门要随时关注档案信息的流通和利用情况，一旦发现信息流通超出其允许的范围或被非法使用，应立即停止该信息的进一步传播，追回已经泄露的信息，并对相关责任人和不法分子进行惩罚。最后，档案管理部门要定期备份重要的电子文件，以防止由计算机故障或其他原因导致的数据丢失。同时，应对员工进行相关培训，提高他们的计算机操作技能和信息安全意识，减少操作失误导致的信息数据丢失。

（二）信息化时代对档案管理工作人员的素质有新要求

在当今这个信息爆炸的时代，档案管理工作正面临着前所未有的挑战。随着科技的飞速发展和信息化程度的不断提高，档案管理工作的内涵和外延也在不断扩大，这对档案管理工作人员的综合素质提出了更高的要求。首先，档案管理工作人员不仅要掌握传统的档案管理方法，还需不断学习新的技术和理念，以适应不断变化的工作环境。其次，提高档案管理工作人员的素质尤为重要。他们不但需要具备扎实的理论基础，了解档案管理的基本原理和方法，同时还要具备丰富的实践经验，能够熟练地运用各种现代化的档案管理工具和技术。此外，随着经济全球化的发展，档案管理工作需要与国际接轨，这就要求档案管理工作人员具备一定的外语水平。

在信息化时代，档案管理工作人员的角色和职责已经发生了深刻的变化。他们不仅需要具备较好的文化素养和信息技术能力，以满足日常工作的需求，同时还要具备较高的职业道德和政治觉悟。因为档案管理工作会涉及大量的信息和数据，这些信息和数据具有重要的价值和意义。因此，档案管理工作人员在履行职责时，应当严格要求自己，确保自身行为符合职业道德规范和法律法规，必须时刻保持警惕，防止机密信息泄露，避免给单位和国家带来损失。为了实现这一目标，档案管理工作人员必须具备高度的社会责任感和敬业精神。总之，在信息化时代，档案管理工作人员的角色尤为重要，需要具备多方面的素质，如业务能力、职业道德、安全意识等缺一不可。

（三）数字语境下档案的价值鉴定复杂化的新要求

档案鉴定是一项复杂且重要的任务，它主要关注档案的真实性和价值两个方面。在评估档案的真实性时，我们不仅需要关注其内容是否真实可靠，还需要考虑其他因素，如档案的来源、载体和标志等。此外，我们还需要考察各要素之间的相互支持关系，以确保档案的真实性。首先，档案的初始来源会被无形地隐匿。在传统的档案管理中，每份档案都有明确的来源和记录，可以追溯到其最初的产生和保存过程。然而，在信息化处理和智能化管理下，档案的复制过程变得快速而简单，往往不再需要明确记录档案的来源。这使得档案的原始信息逐渐被模糊，难以追溯其真正的来源。其次，档案实体和载体也日益同一化与数码化。在过去，档案通常以纸质形式存在，每份档案都有其独特的物理特征和载体。然而，随着数字化技术的发展，越来越多的档案被转为电子档案。同时，在数字化环境下，档案可以被轻易地复制和传播，从而失去了档案的唯一性。在这种情况下，档案真伪的鉴别变得更为困难。档案的价值鉴定是各级各类档案馆和档案室的一项重要业务，其过程需遵循客观、科学、公正的原则，对档案的内容、形式、历史价值等多个维度进行分析，得出最终的结果。其主要目的是评估档案的价值并确定其保管期限，同时对于失去保存价值的档案依规销毁。档案的真实性是其价值鉴定的前提，只有真实的档案才有价值，而在信息化时代档案的真伪鉴定面临巨大挑战。

第三节　档案信息化基本理论、发展战略与规划

一、档案信息化理论和相关标准体系

（一）档案信息化理论

由于档案管理对象发生了变化，档案信息化理论在传承中得到了发展和创新并被赋予了新的内涵。这些理论包括档案有机联系理论、文件运动理论、档案价值理论。档案信息化理论框架体系如图1-1所示。

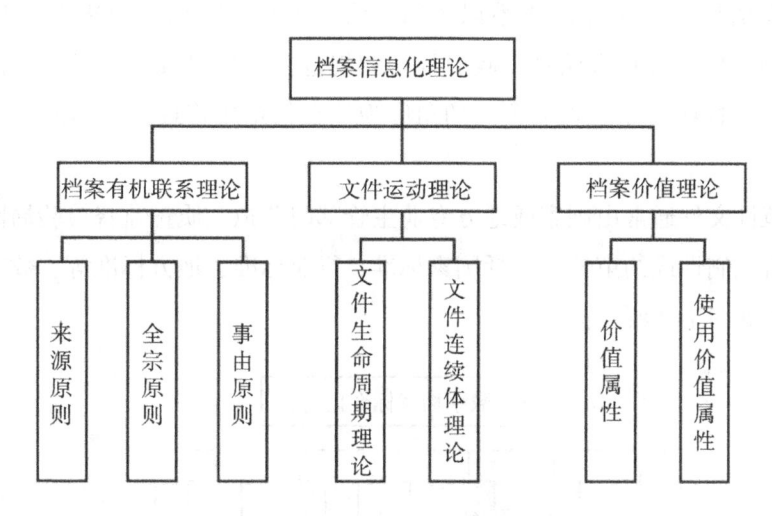

图1-1　档案信息化理论框架体系

1. 档案有机联系理论

档案有机联系理论揭示了档案文件之间最有价值的联系，对人类全面了解历史真实的过程具有重要意义。数字档案文件之间的联系可以通过元数据（背景、内容、结构等方面）加以描述。

2. 文件运动理论

文件运动理论揭示了文件从产生到销毁的社会运动规律，反映档案文件的价值变化。文件运动理论包括文件生命周期理论和文化连续体理论。

文件生命周期理论将文件从产生到永久保存或销毁分为文件制作形成（形成单位）、现行（现行使用单位）、半现行（文件中心或机关档案室）、永久保存或销毁（档案馆）四个阶段，表述了文件在时间、空间中的运动规律，前端控制思想即来源于此。

文件连续体理论使用平面坐标四个象限表示文件管理活动中的"产生""捕获""组织""聚合"四个维度，描述文件的多重属性在时空中的变化规律。

3. 档案价值理论

档案价值理论揭示了档案具有"价值"和"使用价值"两种属性，是档案鉴定的理论依据以及档案有机联系理论和文件运动理论的基础。

（二）档案信息化相关标准体系

档案信息化法规标准体系以《档案法》为核心，由《中华人民共和国档案法实施条例》等行政法规、政府规章和规范性文件组成相互联系、相互协调的统一体。这些法律法规从不同的角度为档案信息化管理提供参照执行的约束标准。

规范性文件通常由国家或地方专业主管部门草拟，质量监督检验局监督和实施，具有强制性或约束性，包括国家标准、行业标准、地方标准等。数字档案标准化内容如图1-2所示。

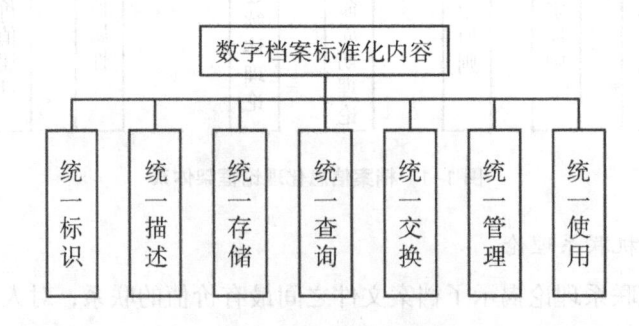

图1-2 数字档案标准化内容

具体而言，档案信息化法规标准体系涉及以下几个方面：

1. 档案信息化基础设施建设

档案信息化基础设施建设包括档案信息化硬件设施的配置标准、网络环境构建的技术要求和管理规范等。其核心内容包括档案局域网的拓扑结构、传输介质、传输模式、网络带宽、内外网联结方式等方面的规定。

2. 数字档案资源建设

数字档案资源建设包括档案前处理、档案著录标引、档案目录数据库结构方面的规范，以及数字档案文件格式、档案数字化操作规程和质量标准方面的规范。

3. 电子文件生成、采集、传输、利用、保管与迁移

电子文件的生成、采集、传输、利用、保管与迁移包括电子文件数据交换及元数据标准；电子文件通用格式及载体规定；电子文件完整性、真实性、有效性保障制度；电子文件信息系统的构建规范；电子文件归档与管理体系规范；电子文件利用规则；电子文件价值鉴定方面的规定等。

4. 档案信息化应用系统建设

档案信息化应用系统建设包括：档案管理软件系统的功能要求与数据结构标准；文档一体化管理系统的信息流程与体系规范；档案网站建设运行规范；档案局域网的组织管理规范；电子文件中心的功能要求与构建规范；数字档案馆建设规范等；档案信息化项目的规划、立项、工程承建、发包、验收、审批等方面的管理性规定等。

二、档案信息化的技术基础

硬件环境建设是档案信息化的基础，涉及计算机、服务器、网络设备、数据库、数字化输入和输出设备、存储设备等方面。现代档案管理人才的培养不但要强化学生的档案管理专业知识，还要在硬件、软件知识方面进行普及，使学生在档案管理部门能够根据档案的存量、增量、经费等情况，提出本部门信息化建设的硬件需求方案，选择合理的软硬件设备。

（一）计算机

计算机是一种能够按照程序运行，自动、高速处理海量数据的现代化智能电子设备。计算机系统由硬件系统和软件系统组成。

按照性能不同，计算机可分为巨型机、大型机、小型机、微型机、工作站五大类。

在计算机选型时应考虑以下原则：选择具有较高性价比的计算机并与网络设备联系起来考虑；充分考虑计算机的效益；考虑售后服务方面的承诺。

（二）服务器

服务器是在网络上为众多终端客户机提供专业服务的一种高性能、高可用性的计算机。它侦听网络上的其他计算机（客户机）提交的服务请求，并提供相应的服务，具有承担服务并且保障服务的能力。

服务器具有可扩展性、易使用性、易管理性和可用性等特性。

服务器按应用层次划分，可分为入门级服务器、工作组级服务器、部门级服务器、企业级服务器。

服务器选型时应掌握的一般原则：符合技术主流发展要求，适应网络应用和发展的需求；符合可扩展性、易使用性、易管理性和可用性等技术要求；较好的总体性价比；较好的服务和支持水平。

（三）数据库

数据库是一个长期存储在计算机内的、有组织的、可共享的、统一管理的数据集合。它是一个按数据结构来存储和管理数据的计算机软件系统。数据库选择时要考虑业务规模、流程、数据量、现有技术人员的技术水平、软件环境和价格等。

（四）数字化输入和输出设备

数字化输入和输出设备，包括数码相机、数码摄像机、扫描仪、录音笔、刻录机等。

1. 数码相机

数码相机是一种利用电子传感器把光学影像转换成电子数据的照相机。可分为单反相机、卡片相机、长焦相机和家用相机等类别。

2. 数码摄像机

数码摄像机是一种利用图像传感器把光学影像转换成电子数据的设备。

数码摄像机按存储介质可分为四类：①磁带式，以磁带为存储介质的数码摄像机；②光盘式，以光盘为存储介质的数码摄像机；③硬盘式，以硬盘为存储介质的数码摄像机；④存储卡式，以存储卡为存储介质的数码摄像机。

数据摄像机按用途可分为广播级数码摄像机、专业级数码摄像机和消费级数码摄像机。

数码摄像机性能指标基本与数码相机相同，但在光敏元件数量、分辨率、光圈、镜头、存储介质等方面有一定区别。数码摄像机更侧重对动态影像的拍摄，因此在静态影像拍摄方面效果不及数码相机。

3. 扫描仪

扫描仪是一种将图片、照片、胶片以及文稿资料等书面材料或实物扫描成图像后输入电脑并形成文件保存的计算机输入设备。

4. 录音笔

录音笔是一种通过数字存储的方式来记录音频的电子设备，完成声音数字化过程。录音笔携带方便，同时拥有如激光笔、FM 调频、MP3 播放等多种功能。

5. 刻录机

刻录机是一种利用激光或其他方式将数据写到空光盘上从而实现数据储存的数据写入设备。

（五）存储设备

存储设备用于存储数字信息的载体有光盘、硬盘、磁光盘（MO），以及磁盘阵列（RAID）、存储区域网络（SAN）和网络附属存储（NAS）。

1. 光盘

光盘作为信息长期存储的载体可分为预录光盘、可录光盘和可擦写光盘。

光盘具有数据存储密度高、容量大、盘片可更换、携带方便、使用寿命长、功能多样化、生产成本低廉、数据复制工艺简单和效率高等有点。

2. 硬盘

硬盘是计算机主要的存储介质之一，通常由一个或多个铝制或玻璃制的碟片组成，这些碟片表面覆盖有铁磁性材料。绝大多数硬盘都是固定硬盘，被永久性地密封固定在硬盘驱动器中。

3. 磁光盘

磁光盘是一种结合了光学与磁学的储存技术，它采用激光和磁场共同作用来存储信息。

4. 磁盘阵列

磁盘阵列是一种把多块独立的硬盘（物理硬盘）按不同的方式组合起来形成一个硬盘组（逻辑硬盘）的技术，并且能够提供比单个硬盘更高的存储性能和提供自动数据备份。

5. 区域存储网

区域存储网由磁盘阵列连接光纤通道交换机和其他存储设备组成，是一个使用路由器、集线器、交换机、网关和网桥，实现存储设备与服务器之间互联，进行集中式管理的迅速存储网络。

6. 网络附属存储

网络附属存储是一种利用现有网络，强调共享，完成网络存储的设备。

三、档案信息化的发展战略与规划

（一）档案信息化的发展战略

在当今信息社会中，信息化已经成为不可逆转的时代趋势。随着科技的飞速发展，信息技术已经深入社会的各个领域，为人们的生活和工作带来了极大的便利。在此背景下，我国政府高度重视档案信息化建设，计划在未来几年内全面加速推进这一进程。为了实现这一目标，我国将采取一系列措施来推动档案信息化建设的发展。首先，扩大档案信息化的应用范围，使其不再局限于政府部门和企事业单位，而是覆盖到社会的各个层面，让更多的人受益于档案信息化带来的便捷。其次，进一步完善档案信息化的标准规范，确保档案信息化建设的质量和水平。这包括制定统一的技术标准、管理规范和数据格式，促进各个部门和单位能够顺利地进行信息交流和资源共享。构建一个先进的技术支撑平台，为档案信息化建设提供强大的技术支持。加大对档案信息化专业队伍的培养力度。通过档案信息化建设，我们可以更好地挖掘和利用档案资源，为国家的经济社会发展提供有力的信息支持。这些措施的实施将使得档案资源得到整合和共享，创造更多的应用场景，同时，这也将引领档案信息化在新时期的发展,为我国信息化建设事业注入新的活力。

1. 纳入国家信息化战略

信息资源是信息社会和知识经济时代的核心资源,作为国家信息资源的基础性资源,档案资源建设必然成为信息化建设的核心内容。因此,档案信息化建设必须纳入国家信息化的总体战略。

目前,在推进信息化建设的过程中,各地区和部门积极探索创新,不断优化和完善相关政策措施。例如,在电子政务方面,各级政府积极推进政务信息公开和在线服务,提供便捷的政务服务平台,方便群众和企业办事。同时,加强政府部门之间的信息共享和协同合作,以提高政府决策的科学性和效率。在电子校务方面,各级学校积极推进数字化校园建设,提供在线教学资源和学习平台,丰富教育教学手段。通过引入先进的教育技术设备和教学方法,提高教学质量和效果。在文化卫生领域,各地区积极推动数字文化建设和数字医疗发展。通过建设数字图书馆、数字博物馆等文化设施,丰富人民群众的文化生活。同时,推广远程医疗和健康管理服务,提高医疗服务的便捷性和质量。

这些年来,全国信息化建设呈现出三个显著特点:第一,随着科技的不断进步和创新,信息技术已经深入各个领域和行业,成为推动社会进步和发展的重要力量。无论是在教育、医疗、交通还是金融等领域,信息技术都得到了广泛的推广和应用,为人们的生活带来了便利。第二,随着互联网的快速发展,信息网络基础设施的建设成为国家发展的重要支撑。目前,我国的信息网络基础设施总规模已经跃居世界前列,为人们提供了更加便捷和高效的信息服务。第三,随着信息技术的发展和应用,我国在电子信息产品制造方面取得了显著的成就,不仅在传统的电子产品领域有着强大的竞争力,还在新兴领域,如人工智能、物联网等方面取得了突破性进展。随着信息技术的飞速发展,档案信息化已经成为当今社会不可或缺的一部分。但在信息化改革和发展过程中面临着各种问题,档案管理工作人员必须客观地看待当前的形势,既要看到机遇,也要看到挑战,通过不断地学习新的知识,掌握新的技能,适应不断变化的环境。在推进档案信息化建设的过程中,各地区和部门应该根据自己的实际情况,制订出切实可行的方案。同时,应该勇于创新,不断地尝试新的方法,以提高档案信息化建设的效率和质量,最终全面推动我国档案信息化的建设与发展。

2. 向规范化、模式化方向发展

全国各级档案管理部门对档案管理信息系统建设进行大胆探索与实践，加强电子档案的标准化工作，研究互联网、软硬件、信息安全等方面的集成化管理模式，完善网上知识产权保护、公共信息资源管理、网络安全管理、电子签名、数据保护等方面的法律法规，预防和打击计算机犯罪和网络犯罪，以确保档案信息化建设向规范化、模式化的方向发展。

由于行业活动形式和采取手段的不同，各单位在档案信息化建设过程中会采用不同的操作系统、网络数据库应用平台和信息系统，还会形成多种格式的电子文档，这就给保存档案的管理部门提出了新的挑战。首先，档案行政管理部门必须结合国家相关的政策法规，优先制定电子文件归档、档案信息采集、整合和安全管理等方面的标准，加快建立、健全档案信息化标准的实施体系。档案管理部门要结合本行业（单位）的特点确定电子文件的标准，制定一系列电子档案鉴定、归档、保存、保管、利用的规范、标准和实施办法，以保证档案管理的科学性和有效性，促进信息化工作的标准化。其次，保证档案信息化工作制度的建立、健全，如制定电子文件归档、电子文件操作规范、电子档案管理办法、数字化工作方案、档案信息公开和上网安全等管理制度。最后，制定有效的安全管理体系和安全操作规范，建立安全保障制度。

在标准、规范和制度健全的前提下，我们要逐步建立比较完善的系统平台，积累丰富的档案资源，得以实现最大限度的资源共享。通过建设模式的创新、法规制度的建立，立足现实和着眼未来的实践，把档案信息化建设纳入规范化、模式化的轨道。

3. 以整合、集成与共享为出发点和落脚点

从目前的情况看，政府一些部门在电子政务建设和应用中存在着"重概念轻实效，重电子轻政务，重新建轻整合"的现象。在当前政府运作中，各部门在公共信息资源的整合利用方面面临着一些挑战。这些挑战主要源于体制等因素的限制，各部门往往只关注自己的业务领域，缺乏对整个政府信息系统的全局把握，导致信息资源无法发挥其应有的价值，使得办公自动化系统的功能发挥受限。这种情况不但影响了政府部门的工作效率，而且使其在提供公共服务时无法全面了解民众的需求，从而影响到公共服务的质量和效率。政府部门都在积极推进电子

政务建设。然而由于信息化软硬件设施建设速度较为缓慢，这些部门主要的工作仍集中在信息发布系统平台的建设和信息交互网上的"公文审批—流转（办公）"阶段。各地区和部门之间没有一套完善的规范和标准，不同部门之间的数据无法共享和互通，形成"信息孤岛"，影响了政务服务的效率和质量。问题的关键是缺乏统一的政务平台或有效的异构系统整合。

整合信息资源是实现电子政务系统敏捷和实时性的关键。各个政府部门和机构拥有大量的信息资源，但存在信息孤岛和业务分割的问题。通过建立综合的档案资源数据库，可以将各个部门的信息资源进行整合和共享，实现信息的互通互联。这样，政府工作人员可以更加便捷地获取所需的信息，从而提高工作效率。跨地区、跨部门的协同政务是未来电子政务系统的重要发展方向。传统的行政管理模式往往是以地域为单位进行划分，导致各个部门之间的协作效率低下。通过建立网上联合审批办公平台，可以实现不同地区和部门之间的协同办公。政府工作人员可以通过该平台进行在线审批、文件共享和沟通协作，大大提高了工作效率。

随着信息技术的不断发展，协同政务已经成为现代政府管理的重要手段之一。它通过整合各部门的信息资源，实现了信息的共享和交流，从而提高了政府的决策效率和服务水平。此外，协同政务还促进了政府部门之间的合作与协调，打破了原有的部门壁垒，实现了资源的优化配置。通过建立完善的档案信息资源库，政府工作人员可以更加高效便捷地获取所需的历史资料和数据，为决策提供有力的依据。总之，在信息化的发展中，档案资源建设是不可或缺的核心内容，这不仅有助于提高档案信息的利用效率，也有助于推动社会的进步和发展。

4. 重视人才队伍建设

档案信息化是一项复杂且持久的任务，它涉及信息技术和信息资源的建设。其中，人才队伍建设是成功的关键。为了实现这一目标，我们需要更新观念、提高素质和应用能力。

人才队伍建设对于档案信息化建设的成功至关重要。档案信息化建设需要大量的专业人才来支撑。这些人才需要具备丰富的信息技术知识和技能，还需要熟练运用各种信息技术手段进行档案管理和服务。同时，他们还需要具备较强的组织协调能力和沟通能力，能够有效地协调各方面资源，推动档案信息化建设的顺利进行。随着全球信息技术的不断发展和创新，我国档案信息化建设也需要不断更新和完善。因此，人才队伍建设还需要注重培养和引进具有创新精神和创新能力的人才，不断吸收先进的理念和技术，用以推动档案信息化的现代化建设。

档案人才队伍建设的关键是要实现复合型、高素质人才协同工作。所谓复合型有两层含义：第一，打破传统的结构模式是实现复合型人才队伍建设的关键。传统的档案人才队伍往往局限于某一领域或专业，缺乏跨学科的综合能力。因此，我们需要鼓励档案管理工作人员积极参与其他相关领域的学习和培训，提高他们的综合素质和能力。此外，还可以通过建立跨学科的合作机制，促进不同领域专家之间的交流与合作，从而培养出具备多学科背景的复合型人才。第二，在队伍的知识更新和技能拓展方面要加强计算机应用基础知识、数字化技术知识、网络技术知识、现代管理技术知识的学习和培训，每一位档案管理工作人员都需要懂得档案信息管理知识和信息技术应用知识，纵向了解行业管理与需求，横向了解档案管理与信息技术的结合将赋予业务学习和培训新的内涵。高素质就是要具备能够适应信息化挑战，能够应用信息技术和驾驭信息资源的整体素质。要把更新观念、把握时代全局、明确历史责任作为档案管理工作团队的基本理念，把更新知识、掌握信息技术、创新管理理论作为档案管理工作团队的基本能力，把更新手段、积累信息资源、广泛开发利用作为档案管理工作团队的基本工作，立足现实、注重需求、努力创新，打造一支能够抓住机遇、迎接挑战的新型人才队伍。协同工作就是要充分利用网络环境，实现各类人才之间的合作，发挥个人优势，提高工作效率。

5. 实现档案管理现代化

传统的档案管理运行模式较落后，其显著的劣势体现在积累档案资源的被动性、严重滞后性和档案资源的利用不便等方面，导致主动开发和提供利用档案资源显得十分局限。长期以来这种状况不仅严重影响档案价值的发挥和对现实工作的支撑，还影响档案管理工作的作用和地位，不利于档案事业的可持续发展。

先进的技术和设备在档案现代化管理中显得尤为重要。这些技术和设备是实现各种思想和技术方法的基础，先进的技术和设备必须由现代的管理理念来驾驭。在当今社会，先进的技术和设备已经广泛应用于各个领域，当然也包括档案管理工作领域。计算机、光盘、多媒体、数据库以及现代通信技术等将进一步推动档案事业的现代化发展。

传统的档案管理主要依赖于人工操作和纸质文件的存储，效率低下且容易出错。若要对其进行现代化建设就要进行深入的改革，需要从档案管理的基础含义和管理方式两个方面进行。首先，通过数字化技术和信息系统的应用，档案管理可以实现自动化、智能化和高效化，大大提高了工作效率和准确性。其次，档案信息化建设将全面提升档案管理的理念。传统的档案管理注重的是纸质文件的保存和管理，而现代化的档案管理更加注重信息的整合和共享。通过建立统一的档案信息平台，不同部门和机构可以更方便地共享和利用档案资源，实现信息资源的利用最大化。

档案管理的现代化主要体现在以下几个方面：

（1）管理制度化

管理制度化，即按照档案信息化的要求制定电子文件和数字档案的管理办法和标准，确定搭建系统平台的功能要求和技术规范，制定网络及信息安全管理制度，在依法治档的高度为档案信息化建设提供制度保障。

（2）归档自动化

归档自动化，即在自动化网络办公的条件下，档案管理的形式以电子文件的创建和流转为特征，档案的形成以电子文件的形式出现，对电子文件的归档管理实现自动化，以逻辑归档的形式通过网络运行实现文档一体化。

（3）馆藏数字化

馆藏数字化，即为了能够适应信息社会对数字信息的需求，应用信息技术手段将传统载体的馆藏档案进行数字化处理，形成数字档案，以更广泛、更深入、更方便地利用档案信息积累信息资源，同时也有利于开发档案资源和保护馆藏档案。

（4）利用网络化

利用网络化，即在档案管理信息系统对数字档案资源进行安全管理的基础上，通过局域网、办公网和互联网等网络系统实现客户对数字档案的查询、下载、打印以及开发利用，最大限度地提高档案的利用率并发挥档案资源的价值。

（5）控制智能化

控制智能化，即利用信息管理系统、网络系统资源和基础设施，建立智能化控制系统，实现对档案库房的规范管理、工作场地的安全监控、工作人员的智能识别、工作内容的状态跟踪，以及安全机房的智能控制等。

6. 建立档案管理新形态

数字档案馆是档案管理的新形态。通过档案馆的数字化和档案信息化建设，数字档案馆将成为档案资源的数字信息中心，成为档案管理的智能控制中心。数字档案馆将成为政府信息资源的数据中心，成为国家信息化和数字中国的重要组成部分。

（1）档案信息化应用支撑平台的建立

建设数字档案馆首先要建立一个满足档案信息化功能需求，同时适应时代发展需要的综合管理系统平台和网络构架。中心系统能够支持多个子系统，能够保证网络控制、信息备份和迁移、授权访问以及资源共享等功能安全有效。广泛应用信息技术能够为档案馆的数字化建设提供现代化手段。在此基础上可以开展数字档案资源库的建设、数字档案信息的共享与开发、档案馆的智能化控制等工作。

（2）数字档案资源库的建设

数字档案资源库建设包括：在自动化网络办公条件下，实现电子文档的全过程管理和归档、保存、备份、迁移等，同时收集档案管理部门业务运行的所有系统数据，积累电子档案信息；利用现代扫描技术对馆藏的纸质档案、声像档案、缩微胶片、实物档案等进行数字化处理，形成系列数据库；整合需要的行业、上下游以及区域间横向和纵向的资源信息；对所有数字档案信息采用对象管理的思维模式进行管理和链接，以此建立数字档案信息库。

（3）数字档案信息的共享与开发

信息共享就是建立数字档案的目录检索、全文检索、自动分类、授权访问系统，通过局域网、办公网和互联网提供档案利用服务，通过建立状态网络对信息访问实行实时监控。同时，对原始档案信息进行分类开发和知识化管理，可以建立基于档案基础数据的辅助决策支持系统，只有把档案信息知识化才能够实现档案信息利用的社会化，更广泛地发挥档案的潜在价值，才能在更大的层面创造社会经济效益。

（4）档案馆的智能化控制

档案馆智能化控制就是利用综合管理信息系统实现对库房安全和温/湿度管理、密集架智能管理、工作区域监控和人员管理等方面的控制，提高档案馆的现代化、自动化管理能力。

（二）档案信息化发展战略的实施

档案信息化发展战略从信息社会的需要出发，服务于档案事业的发展方向，同时又影响和促进档案事业的发展。

毋庸置疑，未来几年，档案信息化建设的步伐将逐渐加快，要使信息化应用更深入、更普及、更有效，还需要从全国档案事业的高度制定切合档案事业发展的实施战略。

1. 档案信息化建设的总体原则

开展档案信息化建设工作应该遵循的总体原则包括总体规划原则、分步实施原则、需求驱动原则和突出重点原则。

（1）总体规划原则

信息化建设覆盖所有社会组织单位，每个组织单位都需根据国家的信息化战略与目标来制定自身的信息化规划，档案信息化通常成为规划的重要内容。因此，档案信息化的总体规划应纳入每一个组织单位的信息化规划之中。

档案信息化总体规划的制定必须围绕以下几方面展开：

①要明确档案信息化在整个信息化战略中的作用和意义。档案信息是信息化战略对信息资源进行开发利用的基本资源和原生信息源，档案信息化也是信息化时代更新档案管理理念和手段的必然趋势。

②要确定档案信息化的基本目标。就档案管理的基本属性和档案价值而言，档案管理分为收集保管和统计利用两个方面。利用计算机和网络技术管理档案能够提高工作效率和提升开发、利用档案资源的能力，那么利用文档一体化、传统馆藏数字化、信息利用网络化、档案开发知识化和建立辅助决策管理系统就是档案信息化的基本内容和目标。

③要研究和确定档案信息化的设备和保障条件。这包括网络平台建设（档案管理局域网）、服务器及其备份设备、终端计算机（工作站）、扫描中心的数字化设备、数据库和相应的管理软件、技术保障条件和人力资源、工作场地和经费投入保障等方面。

④要按照工程建设模式确定实施措施和步骤并制订工作计划。

⑤要建立档案信息化评价指标体系。这包括信息技术应用的广度和深度、档案信息资源开发应用的前景、信息安全措施、信息化人才需求与开发、信息化的

组织和控制，以及档案信息化的社会经济效益评价等方面。

档案信息化总体规划的制定必须做到更新观念、与时俱进、广泛调研、明确需求，立足现实、着眼未来，大胆创新、充分论证。

（2）分步实施原则

档案信息化是一项复杂且长期的系统工程，它与国家和单位信息化战略紧密相连，并且是其中的核心构成部分。在规划过程中，各组织单位需要以现实为基础，具备前瞻性的视角，充分考虑未来的发展趋势。因此，档案信息化需要采取分阶段实施的策略。作为一项包含众多要素和环节的系统工程，档案信息化的实施需要按照科学的建设模式进行。各项建设内容之间存在紧密的内在逻辑关系，这也是分步实施原则的重要依据。

①根据档案信息化总体规划，拟订具体的分期实施方案。在规划过程中，各组织单位需要充分考虑国家信息化战略实施进程、档案管理和发展需求、经费投入保障、技术支持能力、人力资源状况，以及工作环境等因素。在此基础上，各组织单位按年度规划具体的工作计划、组织项目实施，并采取相应的控制措施。

②搭建系统运行平台是确保档案管理信息系统顺利运行的关键。这个平台包括信息处理和信息交换两个重要组成部分。首先，在信息处理方面，档案管理信息系统需要考虑到平台的特殊性和安全性。由于档案信息涉及敏感数据和重要文件，因此必须采取严格的安全措施来保护这些信息。这包括确保与内部网络的连接，并实施权限管理以确保只有授权人员可以访问和操作信息。此外，档案信息处理和存储设备必须是专用的，以确保数据的安全性和完整性。其次，在信息交换方面，只有可公开的档案信息才能通过公众网络共享。这意味着对于一些敏感或机密的档案信息需要进行适当的权限控制和访问限制。在选择系统软件时应满足档案信息管理和系统需求。这包括逻辑归档、数据库建立、目录查询和全文检索、多媒体信息支撑、安全管理和数据备份等功能。逻辑归档是指将档案信息按照一定的规则和标准进行分类和组织，以便于管理和检索。数据库建立是为了有效地存储和管理大量的档案信息。目录查询和全文检索功能可以帮助用户快速找到所需的档案信息。多媒体信息支撑可以支持不同类型的档案信息，如图像、音频和视频等。安全管理和数据备份是为了保护档案信息免受未经授权的访问导致数据丢失的风险。

③建立管理制度和业务标准。随着信息技术的飞速发展和普及,传统的档案管理制度已经无法满足现代社会的需求。目前,我们需要对现有的档案管理制度进行全面的改革和升级,以适应新的信息化环境。为了实现这一目标,各组织单位需要制定一系列新的制度和规范,包括电子文件管理、元数据标准、逻辑归档操作规范和安全管理体系等。在制定业务标准时,不仅要充分考虑国家、行业和地方的相关政策和要求,还要充分了解本单位的实际情况和发展需求,以确保业务标准的科学性、实用性和针对性。

④队伍建设和业务培训。档案信息化对档案管理工作人员的综合素质提出了更高的要求。为了应对档案信息化的挑战,各组织单位应该注重培养人才的复合型素质和优化队伍的知识结构。随着信息技术的快速发展,档案管理工作已经不再局限于传统的纸质档案管理,而是涉及电子档案、数字化档案等多个方面。这就要求档案管理工作人员需要具备跨学科的知识和技能,包括计算机技术、信息管理、数据分析等。只有具备了这些复合型素质,他们才能更好地应对档案信息化带来的挑战。另外,分散的知识结构可能会限制团队的整体效能。因此,各组织单位需要建立起一个更加紧密合作、知识共享的团队,通过加强团队成员之间的沟通和协作,整合各个专业领域的知识和经验,提高团队的整体能力,还应该加强对档案管理工作人员的培训,提供相关的课程和培训机会,帮助他们更新知识结构并提升信息技术应用能力。

⑤积累档案数据资源。建立一个系统化的文件管理流程,将相关的电子文件按照一定的规则进行分类、整理和存储。这种方式可以确保文件的有序性和易查性,提高文件的利用效率。扫描中心可以提供高质量的扫描设备,将纸质文件转成数字化的电子文件。这样一来,不仅可以节省空间,还可以更方便地进行检索和共享。档案中的文字、图片、图表等内容全部转化为数字化的形式,这样可以更好地利用档案信息,提高档案的利用价值。同时,数字化档案也可以更方便地备份和复制,保证档案的安全性和可靠性。此外,通过建立高效的数据集成系统,不同部门之间的档案数据可以实现互通互联,提高数据的一致性和完整性。

⑥建立开放的档案共享信息系统和开发辅助决策支持系统。建立一个开放的档案共享信息系统,可以更好地管理和利用档案资源。这个系统应支持多种类型的档案格式,并且能够方便地进行检索和查询。此外,开发辅助决策支持系统,

以便更好地利用档案信息辅助决策。这个系统应提供科学的分析和预测，并且能够根据用户的需求进行定制化设计。档案信息往往涉及一些敏感信息，如果不加以妥善处理，可能会造成不良后果。因此，在进行档案信息共享之前，应该对信息进行严格的保密鉴定，并采取相应的授权管理措施。

分步实施要实行分阶段的综合建设策略，对硬件、软件、人力资源等进行同步建设，做好电子文档收集、馆藏数字化的基础数据准备等工作，以逐步实现系统资源共享、档案信息开发利用和知识化管理目标。

（3）需求驱动原则

信息化是时代的发展趋势，每一个单位都有着行业发展需求和现实条件。因此，信息化战略的制定和实施必须遵循需求驱动的原则，并充分考虑现实的需求，依据现实的条件和需求来制定规划，拟订实施方案。同时，要处理好现实需求与未来发展、建设能力与拓展空间、人力资源与现实信息技术水平之间的关系，遵循科学的发展观，实现可持续发展。

（4）突出重点原则

档案信息化工作是一个涉及多方面的系统工程，需要分阶段进行重点建设。实现自动化网络办公的文档一体化和建立档案目录检索系统是基本要求。馆藏档案资源的全文数字化、已开放档案的全文共享和建立辅助决策支持系统是高层次目标。最终目标是建成数字档案馆和数字资源共享中心，实现档案管理的现代化。这样可以提高档案管理的效率和便利性，提升档案的利用价值和效率。利用先进的计算机技术和大数据分析方法对档案信息进行分析和挖掘，为决策者提供重要参考依据，增强决策的准确性和有效性。建成数字档案馆和数字资源共享中心将促进数字资源的整合和共享，推动信息化建设的发展。

2. 档案信息化的具体实施战略

（1）人才发展战略

人才发展战略是档案信息化建设的关键，档案管理人才是知识型管理人才，在信息化时代需要复合型、高素质的现代管理人才。

现实的人才发展战略有以下几个方面的建设途径：

①对现有档案管理工作人员进行培养，是提高档案管理水平的重要措施。为了实现该目标，需要选择合适的培训教材，制订详细的培训计划，并将培训工作

纳入日常工作和信息化项目建设的工作计划中。同时，在条件允许的情况下，选拔中青年管理人员到大专院校进行有针对性的委托培养，以切实提高他们在现代管理、信息技术、信息服务等方面的素质和能力。这样，我们能够更好地满足社会和用户的需求，推动档案管理的现代化进程。

②积极引进急需的信息技术和信息化应用的专业人才，包括有经验的社会型人才和相关专业的高层次大学毕业生人才。这些人才的引进，对于加强档案管理人才队伍建设具有重要意义，能推动档案管理现代化的发展。采取多种措施可以为这些专业人才提供良好的工作环境和发展机会，让他们成为档案事业发展的中坚力量。

③选拔能力较强、综合素质较高的人员组成课题组，开展档案信息化的课题研究，创新理论，并结合本行业（单位）的情况进行子项目的研究和实践。

④整合信息技术行业的信息化人力资源，聘请专家、顾问提供技术支持和咨询，这一点十分重要。因为信息技术的发展日新月异，管理系统的拓展十分重要，应用软件的更新、升级周期不断缩短，都需要我们及时更新理念和应用新的信息技术。

（2）需求驱动战略

档案信息化建设的需求驱动原则是实施这一战略的重要考量因素。档案信息化建设是一个涉及多方面内容的复杂工程，其中包括档案管理理论的发展、档案管理手段的变革以及信息社会的需求等多个方面。因此，必须从电子档案的形成和管理、急需共享利用的档案信息等实际需求出发，需求驱动战略能够为档案信息化建设提供明确的方向和发展动力。例如，在互联网技术支撑的自动化工作环境下，文档一体化成为迫切的需求，人们对信息的网络服务需求增加；在计算机和网络技术发展的前提下，检索的内容向更为复杂的方面发展，更高的需求也随之提出；对于珍贵的历史文档，数字化成为一种必要手段；随着政府机构功能转型，档案信息辅助决策功能也变得至关重要。不同的档案管理部门只有根据实际需求进行有针对性的建设，才能更好地满足各种档案管理的要求以及提高档案管理的效率和水平。同时，在建设过程中也需要考虑到系统的可扩展性和灵活性，以便适应未来可能出现的新需求和技术变化。

（3）滚动发展战略

信息化建设是一个循序渐进过程，需要逐步推进和完善。因此，必须制定严谨的计划，实施滚动发展战略。

①信息技术的迅速发展，促使档案管理应用系统的功能必须不断完善和拓展。因此相关部门应该积极接受新的思维，灵活运用各种技术，而不是一味追求设备的更新。

②数字档案信息积累作为档案信息化建设的核心任务，其持续推进的重要性不言而喻。数字档案信息的积累并非一蹴而就，需要持续的努力和投入。积累更多的数字档案信息，可以拥有更丰富的资源、提供更广泛的服务，并进一步开发潜力。这样才能使档案管理工作的效用得到更好的发挥。无论是实现文档一体化、馆藏数字化，还是整合信息资源，都将是一个滚动发展的过程。这不仅是技术上的挑战，也是需要我们深入理解和研究的过程。通过持续发展的方式，我们可以逐步发现档案信息建设的规律，并最终走出一条具有中国特色的档案信息化之路。这样的发展过程将有助于我们更好地利用档案信息，提高工作效率，同时也能更好地满足社会对档案信息的需求。

③数字档案资源的共享和开发利用是一个不断发展和提升的过程，它涵盖了目录检索、全文检索、社会化开发等方面。信息技术的不断进步和应用使数字档案资源的共享和开发利用发生深刻的变化，其功能在不断演进和完善。为了使该趋势持续发展，我们需要不断探索和创新以适应新的需求和发展。滚动发展的方式可以逐步推进数字档案资源的共享和开发利用，提高档案信息的利用效率和社会价值。这不仅有助于推动档案事业的发展，也可以为社会发展提供强有力的信息支持。

④在当今社会的自动化办公和信息化管理的推动下，档案管理工作正在经历着一场深刻的变革——档案管理工作的数字化和智能化，这是一个渐进的过程。在初期阶段，可能只是对部分重要档案进行数字化处理，但随着技术的成熟和应用的推广，数字化处理的范围将不断扩大。同时，随着用户需求的不断变化和新技术的出现，档案管理工作也进行了适应和创新，以更好地满足用户需求，最终目标是探索并走出一条符合中国特色的档案信息化道路。

（4）应用普及战略

一谈到信息化建设，大家都会联想到资金的专项投入、设备的专门购置。事实上，一方面，没有信息化的基础设施建设就不可能开展信息化工作，另一方面，在全国绝大多数档案管理机构都已经不同程度地购置了信息化建设基础设备，并开展了一定规模的管理信息系统和信息资源建设。然而，只建设不使用或使用的非常浅显是当前信息化建设存在的问题，当前首要的工作是对应用的推广、普及和深层次使用，在项目的规划、计划中着力强调应用普及问题，将它们纳入制度建立和培训工作中。必须在更新管理观念、改变管理手段、加强培训引导、建立健全制度方面上下齐动，要重点发挥决策者和重要业务职能部门的关键作用。应用普及工作关系到档案信息化建设的发展和生命力，关系到国家信息化战略基础性信息资源建设的成败。

（5）专业化服务战略

档案信息化是国家信息化战略实施的重要步骤，它不仅具有强烈的社会化需求，而且对于国家的发展和进步具有重要意义。然而，这一目标的达成，仅靠档案管理部门自身的力量是难以全面实现的。因此，依靠与专业信息技术服务公司的合作变得至关重要。专业信息技术服务公司拥有丰富的经验和专业知识，能够为档案信息化建设提供准确的指导和建议。它们可以根据档案管理部门的需求和要求，设计出符合实际情况的系统架构和功能模块。同时，它们还可以进行系统的研发和测试，确保系统的稳定性和可靠性，还包括给档案管理部门培养相关的专业人才，以及对设备进行后期维护。

（6）产业化发展战略

档案是支撑信息社会发展的宝贵资源，档案不仅是对国家历史文化遗产的记录，也在不断地影响着社会文化。随着时代的发展，档案已经成为社会生产力的重要组成部分，它准确地反映了一个国家在各个领域的综合实力。我们应该充分认识到档案的重要性，加大对档案的保护和研究力度，为文化产业的繁荣发展提供有力支持，创造出更大的经济和社会效益。

当今社会，网络和通信技术的飞速发展使得信息成为一项重要的资源，其直接影响了社会获得财富的能力，并且影响日益显著。档案本质上是重要的信息资源，档案信息的开发利用效率对于社会进步具有重大意义，这也为档案事业的发展带来了难得的历史机遇，同时也对档案管理工作提出了更高的要求。在信息化社会和知识经济时代背景下，实施档案信息的产业化有重要的战略意义。它不但能够盘活传统的档案事业，而且能够通过产业化进程去创造新的发展机制，同时还能够为社会带来巨大的经济效益。

当前世界信息产业化的发展趋势明显，我国有着强大的综合国力以及民众有着巨大的文化、信息服务需求，这些条件都预示着信息产业的发展前景广阔，而档案信息的产业化也势在必行。档案信息的产业化进程中会给传统的档案事业带来促进作用。一方面，档案信息产业化可以通过引入先进的信息技术手段，提高档案管理的效率和准确性，从而减少人力和物力资源的浪费，为档案事业的发展提供更多的支持。另一方面，可以将档案资源进行数字化、网络化处理，使其更加易于获取和利用。这不仅能够满足市场对文化产品和服务的需求，还能够为政府决策、学术研究等提供重要的参考和支持，进一步提升档案的价值。

实现档案信息的产业化发展目标可以通过多种途径。第一，可以对网上公开的社会化信息建立交互的收费系统，这样可以鼓励人们更加积极地使用和分享档案信息，同时也为档案信息的收集、整理和保护提供经济支持。第二，根据文化产业的发展需求，通过与企业、社会组织等合作，共同开发档案信息的价值，开展新型的社会信息服务，以满足不同用户的需求，从而获得经济效益，实现资源共享和互利共赢的局面。第三，可以开展档案主题展览，吸引更多的观众和参与者，从而获得社会和经济效益。第四，与其他国家和地区的档案机构合作，共享档案信息资源，促进文化交流和经济合作。第五，对允许开放的历史档案进行科技仿造，这样既便于保护和传承，也可以为社会提供更多的文化产品和服务，创造经济效益。不断创新和完善相关政策和机制，可以进一步推动档案信息的产业化发展，为社会经济的发展和文化繁荣做出更大的贡献。

（三）档案信息化的发展规划

档案信息化建设是一项涉及多个领域的综合工程，成功实施需要明确的目标、科学的规划、有效的组织和充足的投资。同时，确保组织成员的思想统一也是关键。因此，在进行档案信息化建设时，应着眼全局，从实际需求出发，制定合理的规划。

在制定规划时，应该根据单位的具体情况来划分信息化建设的优先级。这就意味着我们需要深入了解单位的业务需求和工作流程，以便能够确定哪些工作是最重要的，应该优先进行信息化建设。这些工作通常是单位的核心业务，通过信息化手段的应用，可以极大地提升单位的竞争力和服务质量。因此，我们将这些工作作为信息化建设的首要考虑因素，确保它们能够得到充分的关注和支持。

为了实现档案馆的信息化建设，需要确保四个方面的统一。第一，明确档案馆的发展方向和目标，将信息化建设与之紧密结合，达成统一，使其成为总体规划的重要组成部分。这样就能将信息化建设纳入其中，以确保两者相互支持、相互促进。第二，信息化建设要与档案信息的开发利用达成统一。这意味着我们要充分利用信息化技术，为利用者提供便捷的检索途径，使他们能够快速、准确地找到所需的档案信息。这可以通过建立高效的检索系统、优化检索算法等方式来实现，以提高档案信息的利用率和价值。第三，信息化技术需求与技术人才培养、技术储备达成统一。这意味着我们要根据信息化建设的需求，培养和储备具备相关技术能力的专业人才。同时，我们还要鼓励全体工作人员积极参与和配合信息化建设工作，提高他们的信息技术水平和应用能力，以适应信息化时代的发展需求。第四，信息化建设与加强档案管理基础工作达成统一。在信息化建设的过程中制定和完善相关的管理制度和规范，加强对档案的分类、整理、保管等工作，确保档案的安全、完整和可追溯性。通过这样的努力，实现档案馆的信息化建设与档案管理工作的有机结合，提高档案馆的整体运行效率和服务质量。

1. 档案信息化发展规划落实的需求

现代档案管理工作面临着四大难题：一是整理、接收和保管电子文件并确保电子文件的真实、完整和有效；二是馆藏档案资源的开发与利用，并提供网络化的服务利用；三是传统介质档案与电子档案将在较长的时期内共存，要实现统一管理，提高工作效率；四是有些历史档案介质已经无法利用传统保护技术实现永久保存，对这些档案和所反映的信息必须利用现代化手段加以保存。

档案行政体制的改革、档案管理模式的变革、档案服务机制的创新对档案信息化建设提出了新的要求。

（1）电子文件归档的业务需求

随着计算机在人们管理、生产、生活领域的广泛应用，利用计算机创建和处理文件成为必然趋势和普遍现象，大量电子文件的归档成为现实需求，《电子公文归档管理暂行办法》已明确要求对电子文件进行归档;《中华人民共和国电子签名法》规定了电子签名的法律效力;国家还将制定相应的法律明确电子文件的凭证和法律作用,电子文件将成为新的"历史的真实记忆",电子文件的归档成为档案管理工作人员新的工作内容、新的工作任务。

(2)馆藏档案数字化的业务需求

传统的馆藏档案绝大多数是以纸质形式存在的,这种形式确保了其作为凭证的功能。然而,由于保管条件、技术限制和时间的推移,这些档案可能会遭受损失,从而限制了其利用。为了解决这些问题,通过数字化处理可以保护实物档案,还可以使档案信息有更加广泛的使用途径。对于那些不能永久保存的纸质和实物档案,通过应用信息技术可以使其信息内容得以保存。

(3)档案信息资源开发利用的需求

档案信息的价值,是在其开发利用的过程中体现的,尤其是在当前这个信息社会中,档案信息的重要性将更加突出。作为信息社会的核心资源,档案信息的深度利用对社会发展起到了不可替代的作用。计算机网络技术的应用为档案信息的管理带来了革命性的变化。它不仅提高了档案信息的管理效率和价值,还促进了档案信息的共享和知识化管理。随着信息技术的不断发展和完善,相信档案信息在未来会发挥更加重要的作用,为社会的发展和进步做出更大的贡献。

(4)档案管理工作现代化管理的需求

档案管理工作现代化管理的需求在当前社会中有着广泛的前景。档案作为重要的基础性资源,对社会的发展具有特殊作用。随着科学技术的发展,档案管理工作也在发生变化,现代化管理成为必然趋势。档案管理工作现代化管理的必要性因素有多个方面:

①社会发展的需求。现在人们生活在一个信息化社会中,信息资源对社会的影响权重已经超过传统的资源。随着信息技术的飞速发展,信息资源的管理和利用变得越来越重要。为了满足社会对信息服务的需求,信息部门需要不断更新和完善技术手段。同时,档案管理部门作为掌握信息资源的重要机构,也需要与时俱进,共同完成现代化运作的变革。

②经济发展的需求。档案信息资源为社会的发展提供重要的信息支持。随着时代的发展,人们对信息的重要性体会得越来越深刻。人们在各领域中信息获取

的速度和质量，直接影响该领域的发展状态。计算机网络等现代技术的应用，为档案管理工作带来了巨大变革，使档案管理部门能够更高效地处理信息，并快速、准确地向用户提供相关服务。

③档案事业发展的需求。随着社会的不断发展和进步，档案管理工作有效地服务于社会对于信息化竞争至关重要。如果档案事业无法满足社会的需求，无法提供高效、准确的信息服务，那么在未来的信息化竞争中将处于劣势地位。更为严重的是，档案信息资源的开发也将受到巨大的阻碍。为了保持竞争力并发挥档案事业的作用，只有采用现代化的管理方式和手段，才能促使档案管理工作的效益和质量得到有效提高。只有这样，才能够保证档案事业的光明前景，并为社会的发展做出更大的贡献。

④档案管理工作发展的需求。随着社会的进步和科技的发展，各种信息的产生和传播速度越来越快，这使得档案的数量也在不断增加。同时，信息的载体形式和记录方式也呈多元化发展，如电子档案、网络档案等。传统的档案管理因人为操作不当、管理不善以及环境湿度、温度、光照等自然条件不符合标准而对纸质和实体档案产生较大的影响，保管条件不足可能导致档案的物理损坏或信息的丢失。这些问题都给档案的保护和管理带来了严重的挑战。因此，档案管理工作的现代化进程势在必行。

2. 档案信息化发展规划的内容

随着信息技术的迅猛发展，档案信息化建设已经成为推动我国档案管理现代化的重要手段。在这一过程中，国家档案行政管理部门发挥着关键的引领作用。它们制定统一的规划和政策，确保各级各类档案馆能够有序地推进信息化建设工作。规划的第一步是正确定位档案信息化在档案事业中的地位，明确档案信息化建设的根本目的，正确认识信息化和档案业务之间的互动关系，而非主从关系；第二步是以档案管理工作的基本业务需求为基础，从目标、范围、组织、资金、资源、系统、应用等角度进行全面的规划与设计。其建设规划内容主要包括目标规划、内容规划、组织规划、资源规划、安全规划、系统规划。

（1）目标规划

档案信息化的范围应遍及全国各档案保管机构，包括档案馆、机关档案室、文件中心以及与档案收集、整理、积累等相关的档案形成部门。因此，任何档案管理机构都应围绕全国档案信息化建设的总体目标，根据本单位的收档、管档和用档的实际情况制定信息化建设的近期目标和长远目标，以及发展过程的阶段性目标。

档案信息化的目标是以现代信息技术为手段，实现对档案管理和提供利用的现代化，不能把手段当作目标，只注重网络和设备建设，为信息化而信息化，而应用现代信息技术也不是简单地将过去的手工操作进行计算机程序化处理。档案信息的收集、保管是基础，其目的在于利用和开发档案的价值。因此，目标规划必须紧紧围绕档案信息资源的收集、保管、利用来进行。

首先，要做好三方面工作：一是对馆藏档案进行标准化、规范化处理，如标题名称、主题词、档案形成者、档号编制；二是对电子文件的创建和构成进行规范，制定元数据标准，以利于实现计算机可识别管理；三是确定数字档案禁止写操作处理的存储格式，如比较通行的PDF格式，存储、备份方式也需要事先确定。在此基础上，通过馆藏档案数字化和文档一体化系统积累数字档案信息资源，对原始数字档案使用与外网物理隔离的档案局域网专门服务器存储。

其次，要充分考虑信息化管理系统是否能够完全满足档案形成部门和单位内部对档案信息利用，同时尽可能广泛地满足开发档案信息利用的社会化需求，通过利用网络化等途径利用档案信息。要实现档案信息利用的网络化就必须做好两方面工作：一是必须对要上网档案信息建立严格的开放鉴定工作程序和管理制度，对使用者实现分级授权管理办法；二是明确如何构建网络安全控制系统和实施安全管理制度，建立状态网络进行利用过程的跟踪和记录，对共享档案信息使用与办公网或公众网相连接的专门服务器管理。

最后，围绕如何提高档案管理的效率和现代化水平进行规划，做好三方面工作：一是结合档案管理的基本规律和现代信息技术的特征与功能，如何改变传统的管理模式，如现行电子文档的随办随归、档案利用的主动提供、文档运行的状态网络监控；二是如何实现档案管理部门的智能化管理，如对库房科学、规范的安全管理，对工作场所和操作人员进行安全监控，对工作终端进行安全控制；三是按照信息化建设的需要，立足长远进行队伍建设和人员知识结构的培训、培养，使人力资源开发充分满足信息化的发展需要。

（2）内容规划

档案信息化建设内容涉及多个方面，其内涵、外延十分丰富，包含了软硬件两个方面的工作内容，包括多个工作阶段和环节，每个工作阶段和环节都应有明确的任务、目标和完成时间。每个工作阶段和环节都存在着内在的逻辑关系，因此，严密、有步骤地按时完成各阶段的任务，是保证按规划完成整个工程建设的关键。具体的工作内容规划主要包括以下方面：

①制定总体规划。根据国家信息化实施战略，按照国家档案信息化建设的总体要求，结合行业特点以及单位实际需要和能够达到的条件，明确具体的任务和目标，在此基础上确定网络建设方案、硬件配置计划以及软件购置或开发方案，制定实施策略、措施以及评价指标体系，提出资金投入、人力资源开发、工作场所要求等条件。

②建立规章制度。规章制度是档案信息化建设能否顺利进行的重要保证，作为具体的建设单位必须在国家档案和信息相关法律法规范围内，在国家相关电子文件管理办法的指导下，制定符合行业和单位实际的电子文件标准和管理办法、网络和信息安全管理制度、信息和网络维护规范等。

③搭建系统平台。按照总体建设规划，进行网络拓扑设计，建立档案管理局域网，配置服务器和终端计算机以及数字化处理和数据备份（迁移）设备，选择购买或委托开发档案管理软件，搭建档案管理系统和共享信息系统平台。

④积累档案资源。积累档案信息资源是档案信息化建设的核心内容在上述三方面基础条件基本具备的情况下，必须有计划、有步骤地集中精力开展资源积累工作。一般而言，主要是通过文档一体化、馆藏数字化和业务管理系统信息整合来积累数字档案，分类建立数字档案信息仓库。

⑤挖掘档案资源。将原始数字档案信息进行知识化、社会化的编研开发，为全社会提供档案再生信息，积极探索和大胆实践档案信息产业化的道路，把档案信息价值转化为经济效益。

⑥开放信息上网。开放档案信息上网利用是档案信息资源库建设的根本目的。按照档案开放鉴定规定和信息安全管理制度，逐步开放数字档案目录和档案全文数据上网，分类、分层次网上授权提供查询利用，切实提高档案的利用价值。

上述六个方面的工作具有紧密的内在逻辑关系，档案信息化建设必须紧紧围绕这些工作阶段来安排，并进一步制订详细的工作计划，进行有效的进度控制。

（3）组织规划

档案信息化建设是一项全国范围、涉及面广、建设周期长的现代化管理和技术应用工程，在这一过程中，伴随信息技术的发展及其在档案管理工作中应用程度的深入，档案信息化建设的目标是渐进变化的。因此，在档案信息化建设中必须着眼长远并立足当前，把握档案信息化建设的中心问题。当前档案信息化建设的主要课题是电子文件的管理、档案数字化建设、档案网站的建设等。信息技术的运用和发展对档案管理工作提出了新的要求。因此，必须建立有效的组织体系，以便于在科学设计、严密论证的基础上确定其建设方案并采取有力措施组织实施。

为了推进档案信息化建设，国家需要建立一个组织领导中心，统领全国的档案信息化建设工作。同时，要把现有的档案行政管理体系及其组织管理力量进行整合，明确职责，最大程度地发挥其功能效用，以确保档案信息化建设工作的顺利进行。对于具体实施环节而言，一方面，为了形成统一的合力，使得资源有效利用，各个地区的档案管理机构需要纳入全面的信息化建设的机构中，不能将信息化建设仅仅当作行政管理部门和信息技术部门的事，否则只会将信息化建设停留在自动化网络办公和管理的运行层面上，而不会将信息化建设的重点放在信息资源建设这一核心内容上；另一方面，建立以档案管理机构为主体，以行政管理机构和信息技术部门协同支持的档案信息化建设组织指挥中心，档案信息化是信息化的一个重要组成部分，两者之间存在着密切的联系。档案信息化是在信息化基础上，对档案资源进行数字化、网络化和智能化处理，以提高档案管理的水平。这是一项系统工程，需要统筹兼顾、有序推进，只有按照既定的规划和计划，才能确保档案信息化工作的顺利进行，取得预期的成效。

组织规划是先导，人力资源是关键，网络系统是条件，资源积累是核心，利用开发是目的。我们必须高度认识组织规划和建立有效组织体系的重要性，把组织体系当作档案信息化建设的前提条件来看待。

（4）资源规划

实施档案信息化战略，是我国整合档案信息资源、弘扬民族文化、提高民族素质的历史性课题,也是我们采用现代化手段记忆当今社会改革、建设、发展的真实过程,肩负支撑社会经济发展的历史性责任和义务。

资源规划就是要紧紧围绕档案资源建设开展工作,重点包括以下几个方面:

①加强档案目录数据库的建设在档案信息资源建设中起龙头作用。档案目录数据库是档案管理的基础,它记录了所有档案的基本信息和存放位置。通过加强档案目录数据库的建设,可以提高档案管理的效率和准确性,方便用户快速查找所需档案。

②积极推进档案的数字化建设是满足现实需求的重要举措。随着信息技术的快速发展,数字化已经成为档案管理的趋势。通过将纸质档案转化为数字档案,可以提高档案的存储和检索效率,降低占用空间。此外,数字化档案还可以实现跨地域、跨部门的共享和利用,方便用户可以随时随地获取所需信息。

③推进档案全文数据库和多媒体数据库的建设是适应时代发展需求的必然选择。通过实现档案的全文信息查询,丰富档案的呈现形式和内容,以及持续提升服务效率和质量,可以更好地满足各类用户对档案的不同需求,推动档案管理领域的创新和发展。

④为了提升工作效率,我们需要加快电子文件中心的建设步伐。建立电子政务内(外)网平台可以实时获取各类电子文件和档案,确保其及时性和完整性。各级综合档案馆可以通过该中心与其他档案馆进行合作,共享其电子文件和档案资源。这将极大地提高档案管理的效率和质量,同时也为相关部门和人员提供了更加便捷的信息获取途径,为国家经济建设提供服务。

(5)安全规划

信息安全管理是实施信息化建设不可或缺的重要层面,而网络安全则是关键,安全规划必须纳入档案信息化建设的总体规划,作为重要内容来建设。安全规划的体制和措施有以下几点:

①建立档案信息安全保障体系框架,逐步完善档案信息安全管理体制。加强对档案管理信息系统的管理,确保档案数据库安全;加强对电子文件归档工作标准规范的监督和指导,保证归档电子文件的真实、完整和有效;档案管理部门的内部局域网必须与公众网实行物理隔离,在局域网内要加强身份认证和密钥等管理,使用网络行为控制系统,确保档案信息网络传输的安全。

②在开发利用档案信息资源和网络建设的过程中，必须始终把信息安全放在首位，对所有的上网信息进行严格的审查，防止失密、泄密的信息被发布出去。同时，还需要对上网信息进行管理，防止信息的滥用和误用。在通过网络渠道公开和获取档案信息时，要进行实名认证和授权，启用网络安全策略等措施。这些措施可以有效地保护档案信息，防止它们被黑客攻击或被恶意篡改。

③制定严格的工作人员安全管理制度，加强安全教育，明确安全责任，建立安全监督机制。同时，建立工作过程的状态网络，跟踪记录工作人员的操作过程。通过制度管理和系统控制，杜绝人为安全事件的发生。

防火墙作为网络安全保障策略中的主要手段，它的存在至关重要。它通过监控和过滤网络流量，对进出内部网络的数据进行严格的控制。它还可以识别和阻止恶意软件、病毒和其他潜在的网络攻击，从而保护内部网络免受未经授权的访问和破坏。防火墙还可以根据预设的规则和策略，限制特定类型的网络流量，防止不必要的数据传输和潜在的安全风险。

许多人常常错误地将防火墙仅仅视为一个单一的设备或软件，其实不然，真正的防火墙是一个由多种软硬件产品和特定的网络设计组成的复杂系统。同时，对于档案管理信息系统而言，安全更处于首要位置。为此，我们在通过对各厂家的安全策略进行深入了解的基础上，针对档案管理系统对安全的特别要求，设计了基于"双停火区"的防火墙结构构建档案局域网与单位办公网的连接，在实现文档一体化和与档案形成部门互通信息的条件下，实现对档案管理信息系统和原始档案信息服务器的安全保护。

（6）系统规划

档案信息化的系统建设，必须保证档案管理信息系统和档案共享信息系统两个方面的功能需求，才能充分满足对档案信息资源的收集、管理开发和利用。

①档案管理信息系统。保证一个大型用户内部具有行之有效的管理机制和运作模式，同时将各种因素有机地结合贯穿起来，最终形成一个能够准确、高效地体现用户档案管理整体发展战略和管理策略的闭环正是档案管理信息系统的目的所在。为此在遵循档案管理的原则、借鉴国外同行业先进经验的同时，结合中国档案信息化建设的实际情况，提出档案管理信息系统的框架体系。

档案管理信息系统有三个层次，这三个层次依次递进，互相支持，能够为一个大型用户逐步建立起准确、高效的数字化档案管理系统，充分发挥档案管理工作在用户和信息社会中的重要作用，积极地将现代信息技术与档案管理结合起来，为档案数字化、管理信息化打下坚实的基础。

第一，业务核心层。以文档管理系统为核心，辅以分类管理、授权管理、应用程序集成和报表分析，其功能是将一个大型用户的各类档案联络起来，形成统一的服务网络，支持业务过程集成，支持文档信息的集成化管理。在业务过程中完成文档的收集和维护，对业务工作提供翔实的信息支持，使授权人员可以获得支持管理业务过程中的实时文档数据，有助于规范用户档案的管理。

档案管理系统能够实现对档案的自动发送、接收、归档和保存等任务。通过自动化扫描中心，实现文档的自动扫描和建档，系统对文档的分类管理遵循国家对档案的分类规定，保证文档的快速查询。

档案管理系统可以和许多常用的外部接口进行集成高效地利用有效的信息资源，实现数据高速安全的交流、共享，使数据能够得到最大程度的共享和利用，避免信息"孤岛"和资源重复浪费的现象。

档案管理系统采用严密的档案保密等级制度和严格的授权管理制度，通过对系统内容的权限设置，可以控制到用户对系统的任何按钮、菜单、分类、字段的操作权限，同时也可以控制到用户是否可查看、编辑或打印文档，保证了有关涉密档案的高度保密性和最大可能的共享性。

档案管理系统支持各种档案检索方法，同时提供全文检索功能，而且能对各种类型的档案按照工作需求进行强大的报表分析，能为用户领导决策提供较强的辅助作用。

第二，业务运作支持层。以工作流和组织管理为核心，利用工作流管理，采用用户的组织模型，分配各种任务，使得各种业务活动可以自动流转，并且系统可以记录每一步工作任务的完成状况、完成时间，保证了档案管理工作的完备性。

组织管理提供了工作流自动运作的基础，通过对组织管理的设置的工作流可以基于一个大型用户的组织模型，进行自动的业务流转，使得整个用户的档案管理工作处于一个循环有序的状态。完全能实现档案宗卷的"创建—提交—审批、鉴定—归档"这一系列的处理过程，同时工作流的处理可以根据文档的状态网络自动调整，也可根据实际工作需要灵活设置，大大减少了传统档案管理进行归档处理所需要的时间。同时，通过业务工作流，档案管理系统可以将业务活动中产生的各种文档，如领导批阅等自动进行归档，保证了档案管理工作的及时收集、归档，极大地提高了档案管理工作的效率。

第三，档案信息浏览层。档案信息浏览层为用户提供了最简单和方便的方法，档案管理系统通过和 Web 的集成，使得领导、员工等都可以很方便地通过网络进行档案查询和浏览，无论身处何地都可很快浏览到所需要的各种档案信息，而核心层的授权管理保证了每份档案的安全，使得有授权的人可以方便地查询各种数据，而没有授权的人则无从查看。

②档案共享信息系统。实现档案信息资源共享是档案信息系统建设的根本目的。随着信息技术的不断发展，档案信息的管理和利用已经成为各行各业不可或缺的一部分。为了更好地服务于社会和经济发展，我们需要打破地域和部门之间的壁垒，实现档案信息的互联互通。为了达到这一目标，需要构建一个统一的、覆盖全国的档案信息网络。各地区需要根据自身的实际情况，制定合理的全国档案信息系统建设规划和时间表。

第一，建设虚拟专网。全国各级综合档案馆要做好馆藏所有文件级目录的建库工作，将现有目录数据库实现馆际间的共享，建成虚拟专网，供连通电子政务内网和馆际间查档使用。

第二，建设档案信息网。通过这项服务，公众可以随时随地通过网络查询和利用已公开的现行文件和开放档案。这不仅节省了时间和精力，还提高了信息的透明度和可获取性。同时，它也为档案管理工作人员提供了一个高效的工作平台，促进档案资源的整合和共享。这项服务的推出将为广大公众和档案管理工作人员带来实实在在的便利和效益。

3. 档案信息化发展规划的思路

档案信息化应用系统在专门档案管理机构中的广泛应用将为档案管理工作带来巨大的变革和发展。实施业务信息化，推进管理和业务的综合集成是必要的。最终的目标是实现档案信息化快速、稳健、科学、可持续的建设。

（1）加强基础设施建设

不断完善档案信息基础设施建设，为信息化铺"路"。档案信息基础设施主要包括：交换机、路由器、高性能服务器、大容量存储和备份设备，以及操作系统、高可靠性的信息安全系统、数据库管理系统等。尽管许多单位已经建立了初步的网络基础设施,包括局域网、广域网等,但是在实际的业务工作中,仍然有大量的工作依赖于手工操作或者单机系统。这种情况在一定程度上限制了信息处理的效率和准确性,也阻碍了信息的快速传播和共享。因此,完善信息基础设施建设仍是一项非常重要的任务。这不仅仅是对硬件设备的升级和软件系统的优化,更重要的是要建立起一个高度集成的,能够实现各种业务系统的无缝对接,同时也要具有良好的扩展性和稳定性,以适应未来的发展需求的网络。这主要从三个方面来考虑:

①档案管理部门的局域网与办公自动化同步建设。要把档案信息化纳入国家信息化的总格局中,保持协调、同步发展。各单位在建设办公自动化系统的同时必须考虑文档一体化管理的要求。

②建设好档案网站。目前很多档案管理部门都建设了自己的档案站,为档案网上利用提供了方便。但问题也不少,不少网站更新慢,内容单一,访问量极低,网站形同虚设。

③要有长远打算,把建设数字档案馆作为今后的工作目标。

(2)开发信息系统

推广、普及、深化档案管理信息系统的应用,为信息化造"车"。

在这个过程中,需要确保具备完善的软硬件基础设施以及先进的档案管理软件系统,其中包括办公自动化系统和档案管理信息系统。这些基础设施和软件系统是实现高效档案管理的基础,它们能够提供稳定可靠的运行环境,支持各种功能和操作。首先,办公自动化系统和档案管理信息系统之间存在着相对独立但又紧密联系的关系。办公自动化系统主要用于处理日常办公事务,包括文件的创建、编辑、存储和共享等。档案管理信息系统则专注于对各类档案的管理和归档,包括电子档案和纸质档案。虽然两者的功能有所不同,但它们之间需要进行数据的交互和迁移,以实现信息的共享和整合。其次,办公自动化系统主要负责处理和管理日常办公事务,而档案管理信息系统则专注于对各类档案进行管理和归档。两者在功能上有着明确的分工,但同时也需要相互配合和补充,以确保信息的准确性和完整性。例如,办公自动化系统中的文件需要及时归档到档案管理信息系统中,以保证档案的有序存储和检索。归档就是对办公数据进行整理、分类和转换，以适应档案管理信息系统的要求。归档过程的顺利进行对于提高档案管理的效率和质量至关重要。所以，在信息系统建设和应用期间需要将这两大类系统分别给予足够的重视。

"管理和决策"在现代工作中起着至关重要的作用，而办公自动化系统和档案管理信息系统则是支持这些核心活动的重要工具。为了提高工作效率和准确性，这些系统不仅需要具备基本的功能，如文件存储、检索和共享等，还需要具备高级应用能力，以满足日益复杂的业务需求。其中高级应用能力就包括即时通信功能，员工可以实时交流和协作，无论他们身处何地。这种实时沟通的能力有助于加快决策过程，减少信息传递的时间延迟，并促进团队合作和知识共享。而办公自动化系统可以提供强大的流程管理功能，帮助员工按照预定的步骤和规则执行任务，确保工作的高效性和一致性。

（3）推进档案管理的现代化

推进档案管理的现代化，为信息化造"车"装"货"。通常比喻网络为"路"，数据库为"车"，信息为"货"，"路"因"车"的存在而具有实际价值，"车"因"货"的存在而具有实际意义，"货"因"路"和"车"的存在而能够发挥其作用，"路""车""货"的安全有序必须建立、健全和严格执行"交通法规"——规章制度。①

信息基础设施为各种信息化应用提供了强大的支持。在这些应用中，档案管理无疑是一个关键环节。档案管理涉及收集、鉴定、整理、组卷和利用等环节。这些环节的目的是充分利用现代信息技术，提高档案管理的水平和价值。为了实现这一目标，需要制定和执行规范、健全的信息化管理制度，这些制度应该涵盖档案管理的各个方面，确保档案管理工作能够高效、有序地进行。以往的经验让我们体会到，人才是一切发展实施的关键，综合素质过硬的档案管理工作人员才是实现这一目标的关键因素。

（4）实现信息共享，支持辅助决策

信息化建设的成功经验强调了业务集成的重要性，而非单一的、信息不能共享的系统。实施管理与业务的综合集成是档案信息化建设的最高阶段，是实现档案现代化管理的终极目标。业务集成是档案信息化建设的重要环节，通过将各个

---

① 许秀. 高校档案管理与信息化建设研究 [M]. 哈尔滨：哈尔滨工业大学出版社，2019.

业务系统集成在一起，可以实现数据的共享和交流，提高工作效率和质量。同时还可以满足管理和决策的需求，为整个行业或机构提供科学、高效的运转平台。因此，在信息化建设中，应重视业务集成的实施和管理，以实现档案现代化管理的目标。业务集成的核心是将各个业务系统的数据和功能进行整合，通过建立统一的数据标准和接口，不同系统之间的数据可以无缝地流动和交换，可以提高数据的准确性和一致性。在档案信息化建设中，管理和决策也是至关重要的环节。通过将各个业务系统集成在一起，可以实现对档案的全面管理和监控。管理者可以通过系统获取实时的档案信息，进行数据分析和决策支持。这样，不仅可以提高管理的科学性和准确性，还可以及时调整和优化档案管理的策略和方法。业务集成需要根据具体情况进行开发，以满足不同行业或机构的需求。同时，业务集成还需要具备良好的可扩展性和灵活性，以适应未来的发展变化，以便为整个行业提供更加强大的信息支持。

围绕以上四部分内容开展信息化规划，档案信息化将能够取得实质性的进展，档案信息化的总体效益将得以充分显现，国家的经济、社会信息化将经过建设期而步入成熟的应用发展期，使档案信息的数字化管理、网络化共享、知识化开发满足信息社会的需要，并在经济、社会发展中起到更重要的核心资源作用。

第二章 高校档案管理概述

本章为高校档案管理概述,主要介绍了档案概述、高校档案管理工作的简要探析、高校档案管理工作的现状、高校档案管理工作的改进措施。

第一节 档案概述

一、档案的起源

(一)档案的发展历程

人们在生产和生活中需要通过交流、沟通表达思想。在文字出现以前,人们只能用语言来表达自己的思想,但语言很容易被人遗忘。为了记忆的需要,古人创造了"结绳"和"刻契"的方法。

在古代中国,人们利用"结绳"与"刻契"这两种方式来辅助记录事件。"结绳"是指在绳索上进行打结,通过绳索的尺寸、摆放位置和颜色的差异来传达各种不同的意义。早在我国夏朝时期就已出现了"结绳"的记载。而在古代其他国家和地区,结绳记事的方式也被广泛采用。如南美洲古印加人使用的结绳记事法——"奇普",他们还特别设置了一个名为"结绳官"的职位,专门负责阐释结绳所代表的意义。我国古人常常利用"结绳"记载人事,并将这些文字刻在龟甲兽骨之上,作为一种特殊的文书。"刻契"是指在竹片、木片、骨片和玉片上雕刻出各种不同形态的标记,以此来传达和记录特定的信息,使这些信息能够被直观形象地表现出来的一种方法。尽管"结绳"和"刻契"具有记录和备忘录的功能,并带有档案的某些特性,但从根本上说,它们还不能被视为档案,因为它们所记录的信息是不稳定的,对于抽象的概念很难准确描述。"结绳"与"刻契"可以被视为档案的初始阶段。

甲骨档案被认为是我国迄今为止发现的最早的文字记录档案。殷墟遗址最早是在河南安阳的小屯村被发现的,其中出土了大量的甲骨文。甲骨文是一种古老的刻在龟甲和兽骨上的书写符号和表意文字。文字的诞生和在文献记录中的应用标志着人类文明的巨大进步。文字不仅是记录语言的符号,也是人们表达思维和分享经验的最直观、最准确的方式,同时,它也是档案生成的基础条件。商代时人们很迷信,但凡举行祭祀、狩猎、战争等重大活动时,就需要巫师进行占卜,并把占卜的经过、结果等情况刻写在龟甲、兽骨上。[1]这就给我们留下了研究商代历史的第一手材料,是商朝政治和生活的直接的原始记录。

之后又出现了简牍档案、金石档案和帛档案等。简牍档案是商代和西周时出现的,以竹片、木片为书写材料,记载当时社会生产和生活情况。狭长的竹片叫"简",单一的木片叫"牍",简称"木牍"。这种书写工具比较笨重,据史料记载,秦始皇每天"日读一担",即每天处理的公文就有50千克左右。20世纪,我国湖南长沙、湖北江陵、云梦、甘肃敦煌等地,先后发现了大批秦、汉的简牍档案,为研究当时的历史提供了宝贵的资料。金石档案是刻写在青铜器、石头上的文字记录材料。

纸质档案的出现是档案发展史上的进步。西汉时期出现了新型的书写材料——纸张,从而改变了人类记录历史的形式。东汉蔡伦对纸张生产进行改进,《后汉书·蔡伦传》记载:"自古书契多编以竹简,其用缣帛者谓之为纸。缣贵而简重,并不便于人。伦乃造意,用树肤、麻头及敝布、鱼网以为纸。"[2]纸张的出现和推广为世界文明做出了重大贡献。在造纸术传到西方之前,古代人类也曾出现了羊皮档案、纸草档案、泥版档案等。

到了近现代,随着科学技术的发展,档案载体更加丰富多样,出现了音像档案、照片档案、电子档案等新型档案。

(二)档案名称的由来

我国是历史悠久的文明古国,档案史料浩如烟海。在几千年的历史发展中,

---

[1] 张妍妍.档案起源研究的历程、困境及过程论解析[J].档案,2014(4):9-12.
[2] 范晔.后汉书[M].李立,刘伯雨,选注.太原:山西古籍出版社,2005.

档案的名称经历了漫长的演化过程。《辞海》对"档案"一词解释是"保存起来以备查考的文件"[①]。档案在殷商被称为"典""册",在西周称为"中";在秦汉以后,档案被称为"简""牍",特别是纸张的出现和官员多在案几上办理公文,档案较多地被称为"文书""案卷""文案""案牍"。

史料记载,"档案"最早出现于明末清初,到了顺治十八年(1661年),官府文书中已使用"档案"一词;康熙十九年(1680年)的《起居注册》中有"部中无档案"的记载。康熙四十六年(1707年)的杨宾的《柳边纪略》对"档案"一词的来历和含义做了详尽说明:"边外文字,多书于木,往来传递者曰牌子,以削木片若牌故也;存储年久者曰档案,曰档子,以积累多贯皮条挂壁若档故也。然今文字之书于纸者,亦呼为牌子、档子矣。"[②]

二、档案的定义及其特点

古今中外从不同角度和历史条件对档案的定义不尽相同,而且在不断变化。根据档案管理工作实践及档案法规的标准,档案的定义为:档案是国家机构、社会组织和个人在各项活动中直接形成的具有保存利用价值的各种载体形式的历史记录。

档案具有以下四个特点:

①来源的广泛性。档案是国家机构、社会组织和个人在从事政治、经济、科学、技术、文化、宗教等活动中产生的。前者包括机关、团体、军队、企事业单位等组织,后者涵盖了家庭、家族和个人。可见,档案的形成主体几乎包含了社会活动的所有主体,这就决定了档案来源的广泛性、档案事物的社会性、档案内容的丰富性。从一定意义上讲,人类活动就是不断生成信息、利用信息的过程。档案作为一种信息载体,和人们的社会生活紧密相关、与生俱来。只要有人类活动就必然会产生档案。

②形成的原始性。原始性是指档案的历史记录性,是档案的本质属性。档案不是事后编写和随意搜集的,而是由原始文件材料转化而来的。档案是一种信息载体,然而信息载体不仅仅指档案,如图书、资料等也是重要的信息载体。但是,档案成

---

① 辞海编辑委员会.辞海[M].7版.上海:上海辞书出版社,2019.
② 杨宾.柳边纪略[M].北京:中华书局,1985.

为档案而非其他，是由其形成特点决定的。档案直接来源于人们的各种社会活动，是"原始的第一手资料"，其内容具有原生性、真实性，是最直接、客观、准确地记述和反映形成主体"自己"的活动的历史记录，因而具有依据作用、证据作用。图书、情报、资料等是为了了解外部情况，通过交流、搜集等渠道获得的，是"别人"而非"自己"直接形成的，是"第二手资料"，所以仅有参考作用。

③形式的多样性。随着社会的进步，档案的形式不断发展变化，从上面的介绍可以看出，由于信息记录方式和载体形态的多样性，档案的形式多种多样、丰富多彩。从档案载体的演化看，古有甲骨、金石、青铜、竹简、缣帛等，今有纸张、胶片、磁带、光盘等；从信息记录方式看，有刀刻、手写、印刷、摄影、录音、录像等；从记录形式看有文字、图像、声音等；以种类和名称看，有诏书、奏折、照会、条约、命令、计划、总结、手稿、日记等。

④生成的条件性。档案是由文件转化而来的，但并不是所有的文件都能成为档案，文件转化为档案是有一定条件的。文件转化为档案的前提条件，一是文件材料已经被处理完毕，这样它们才能被视为档案。完成传达和记录使命的具备查考作用的文件才可以说是档案。也就是说文件是档案的前身，档案是文件的归宿。二是具有保存利用价值。只有具有参考和应用价值的文件才需要被转化为正式的档案，并进行保存。档案是经过人们的仔细筛选后保存下来的文件。因此，我们可以认为文件构成了档案的根基，而档案则代表了文件的核心。三是档案是按照一定的程序组织起来的文件材料。也就是说，通过归档整理等工作，把文件材料组织成有机整体才能算是具有科学意义的档案。

各级各类组织、单位和个人都会形成档案，档案范围之广、数量之多，几乎难以估量。档案来源于各级组织、单位和个人的各项活动。但是，不同的主体、不同的活动在国家和社会事务中的地位、作用不同，由此所产生的档案的重要程度也不同，甚至价值悬殊。有的档案只对形成者具有保存利用价值；有的档案不仅对形成者有价值，其内容信息还关乎国家和社会利益，这些档案如果遭受损失或泄露内容，不仅损害档案形成者利益，而且还会危害国家和社会利益。因此，对国家和社会具有保存利用价值的档案特别重要，必须严加管理，确保其完整与安全。为此，我国制定了《档案法》，明确将对国家和社会具有保存价值的档案列为国家法律管理的对象，对法定档案必须依法管理。

一般的档案与法定档案，既有联系，又有区别。两者的联系都是人们在各项社会活动中直接形成的原始记录，有着档案的共同属性，并且一般档案包含着法定档案，法定档案存在于一般档案之中。两者的区别主要在于价值的不同，法定档案是一般档案中特别重要，即对国家和社会有保存价值的部分，由此，法定档案的范围小于一般档案。

综上所述，党和国家机关的档案肯定属于法定档案。党和国家机关掌管着国家及社会事务，所产生的档案不仅记录和反映着机关活动的历史，是机关日后工作的重要依据，而且记载着党和国家的各项方针政策等重要信息，对管理国家、服务社会等具有重要意义。因此，公务员和其他机关工作人员要增强档案意识，依法做好机关档案管理工作。

三、档案的价值分析

档案价值是指档案这一客体对从事社会实践活动的主体所具有的凭证和情报作用而表现出来的有用性及有用程度。

我们可以从几个不同的角度来探讨档案价值：

第一，档案价值的概念清晰地界定了档案价值的主体、客体以及档案价值的根本来源，并进一步连接了档案价值客体与主体之间的中介因素——人类的社会实践活动。因此，在研究档案价值时必须坚持历史地、发展地看待档案价值问题，即档案价值是伴随着一定社会实践而形成的。档案价值揭示了档案对象对主体的重要性，并通过档案与人们实际需求的互动来展现。人类的社会实践活动一方面产生对档案的利用需要，另一方面又联结档案客体和主体及其需要，使两者相互作用，从而把潜在的价值关系转变为现实的价值关系。① 档案价值，也就是档案对象对主体的证明和参考价值，是通过社会实践活动展现出来的，并且最终是社会实践活动推动了档案价值的实现。

第二，档案的价值体现在档案对象与主体间的独特联系上，它代表了档案的特性与主体需求的融合。档案价值既包括客观的物质形态，也包括主观的意识状态。档案价值不仅是一个"意义"或"作用"的实体概念，也是一个关系概念，揭示了客体与主体间的一种特殊联系。在这样的联系里，如果没有档案作为档案

---

① 丁海斌. 档案价值论 [J]. 档案学研究，2015（5）：4-12.

价值的物质基础，那么档案的真正价值便无从谈起，主体及其利用需求构成了档案价值得以充分体现的基础条件。只有满足了主体需求，才能实现对客体的改造和转化，从而形成新的内容。因此，档案价值不仅仅是档案客体的属性，也不仅仅是主体的属性，而是档案客体的属性与主体需求的统一，表现为一种特定的意义或功能。

第三，档案的价值体现在档案对象对于参与社会实践活动的主体所提供的证明和参考价值上。从这一角度来看，档案价值也就是档案客体对于从事社会实践活动的主体所产生的效用。档案客体的属性是其存在的基石，而人的主观需求则是其存在的前置条件。只有当档案客体的属性与人们的主观需求相结合时，这种关系才能得到真正地体现。

档案的基本价值包括两个方面：一是作为查考凭证的价值，二是作为广泛参考的价值，具体如下：

①档案为机关的工作提供了重要的参考资料。档案记录了各个机关和单位过去的活动，它是各个机关或单位在工作中需要查阅的证据。从古代开始，《周礼》中就有"以考政事"和"以逆邦国都鄙官府之治"等相关的描述。因此，为了确保管理的有效性，机关和单位都必须深入了解和掌握相关资料。档案资料能够为政府机关、企业和事业单位的高层管理者和业务操作者提供必要的证据和咨询信息，从而帮助他们更好地了解实际情况、积累经验、制定策略及解决各种问题。

例如，众多机构在构建和完善工作流程、实施改革、执行各种政策及制定相关规定的过程中，对档案进行了深入的审查，从而确保了工作的顺利进行。某些地区的档案资料丢失，会导致"无法查证"，这为相关工作带来了不少挑战。因此，可以说档案是机关和社会组织保存备查的原始记录。按照以往经验，无论是制定党和国家的基本方针和政策，还是处理机关单位的日常事务，档案都是行政管理的重要工具。充分利用档案的功能可以有效地提高工作效率。

②档案为生产过程提供了重要的参照。在社会实践中，档案反映了人们认识客观世界的发展变化过程及其规律，为我们研究人类历史提供了丰富而有价值的资料。例如，档案详细记录了各类生产活动的状况、取得的成果、积累的经验及得到的教训。同时，这些档案也是科学研究工作不可缺少的资料。又如，从自然

资源、生产方法到生产流程，再到计划管理和生产技术等多个方面的信息，都可以作为农业、工业生产和经济管理的科学依据和参考资料。科技档案是以科学数据、图表或文字形式记录并保存的知识载体。随着科技档案数量的不断增加，它已经成为进行现代生产和科技管理的关键前提。无论是常规的档案还是特定的档案，它们都在不同的层面展现了经济活动的状况。这些档案为经济建设提供了宝贵的咨询、研究、统计和监督信息，对于制定经济策略、审查和总结生产状况、推广先进的生产技术和管理经验及预防灾害等，都有重要的参考价值。

第二节 高校档案管理工作的简要探析

一、高校档案管理工作的内涵

（一）高校档案的含义

在中华人民共和国教育部、国家档案局令（第27号）《高等学校档案管理办法》中，高等学校档案（也称为高校档案）被明确定义为，"高等学校从事招生、教学、科研、管理等活动直接形成的对学生、学校和社会有保存价值的各种文字、图表、声像等不同形式、载体的历史记录。"

（二）高校档案管理工作的概念

根据《高等学校档案管理办法》，我国各级教育行政部门应主要负责其行政区域内的高校档案管理工作，而各级人民政府的档案行政部门则主要负责对高校档案管理工作的业务进行指导、监督和检查。这就要求在高等教育快速发展的今天，各高等院校必须高度重视档案管理工作，并积极采取措施做好此项工作，确保档案管理工作能够适应当前社会经济建设和发展需要。对于高校而言，档案管理是一项至关重要的任务，因此学校有责任加强这方面的管理，并将其整合到学校的全面发展计划中。

高校档案管理工作是对其档案管理活动的整体规划和管理，其中包括组织机构的设立、政策的制定、职责的规范及人力和物力资源的投入等多个方面的管理活动。高校档案管理工作也是高校档案管理机构在档案收集、整理、鉴定、开发和利用等方面进行的一系列综合管理活动。在高校中，档案管理机构通常被称为档案馆或档案室，该机构工作人员的主要职责是为高校的各个院系和行政部门提供统一的档案管理指导。此外，他们还协助各院系和部门的相关人员完成材料的归档工作。在对档案价值进行评估后，档案管理机构会按照规定进行管理，并为高校部门、师生及社会提供所需的档案服务。

二、高校档案管理工作的内容

高校的档案管理工作涵盖了以下两个方面：一是对高校档案实体的全面管理，其中包括对档案资源和信息的收集、组织、储存、开发和有效利用；二是对高校档案管理机构的组织结构、职能、服务方式和手段，以及档案使用者的全面管理。

我国已将高校的档案管理工作整合到高校的整体发展计划中。根据高等教育的实际需求，各高校设立了专门的档案管理部门，配置了合适的人员，配备了档案存储室和相关设备，并为档案管理提供了必要的经费。高校档案管理机构的档案馆或档案室负责协助各行政部门和院系进行档案的归档工作，并对由档案形成部门归档的资料进行持续的跟踪、收集、鉴定、整理、保管、开发和利用。此外，学生和教职工的档案管理也是档案管理工作的一部分，根据高校的具体情况，可以由档案馆（室）负责管理，或者由人事管理部门设立专门的档案分室进行管理。在知识经济时代下，高校档案管理工作是学校管理工作重要组成部分，同时又是学校教学工作的一个重要环节。在聚集了大量知识的高校中，档案管理的职责也扩展到了大学的校园文化建设和精神教育等多个领域。

三、高校档案管理工作的性质

档案管理是文献管理的一部分，它涵盖了信息的收集、输入、加工保存和利用输出的全过程。档案具有的原始性和真实性使其与图书、情报等文献管理任务有所不同。要明确的是，首先，档案信息资源的累积是一个渐进的过程，它是伴随着高校的管理活动逐步累积而成的；其次，档案管理对于档案的生成单位是至关重要的，因为大学档案是在大学的教育、研究、党政管理等活动中形成的，它的形态和内容是由大学的各个部门、师生和员工共同决定的；最后，档案管理的任务直接关系到档案创作者的核心利益，它在高校之外的环境中的影响力相对较弱，外部对高校档案的需求缺失导致了高校档案与外界的相对隔离。因此，做好高校档案管理工作就显得尤为重要。在高校中，档案管理工作呈现法治化、特殊性、现代化及服务性的多重特质。

（一）法治化

高校的档案管理工作体现了高校依法治档的核心精神。《档案法》从法律层面为档案管理工作提供了坚实的保障，而《普通高等学校档案管理办法》则为提升高校档案管理的质量提供了明确的方向，推动高校档案管理工作走向法治化的道路。

（二）独特性

高校的档案管理工作受到其内部环境的深刻影响，具有与其他类型档案管理工作不同的独特性质。因此，高校档案管理工作需要依据高校自身的具体情况来进行针对性的管理规划和设计。随着我国高等教育事业不断改革和创新，对高校档案管理提出了更高的标准。在高校的发展过程中，大量的文字、图表和声像资料都与教育、教学和科研管理工作密切相关。因此，高校档案管理工作需要强调其教学和科研的独特性，同时也要体现出档案管理工作在服务高校和师生方面的特色，以便更有针对性地进行档案管理。

（三）现代化

高校作为现代科学和信息技术的先锋，拥有丰富的现代化管理和科技知识。因此，它们需要充分准备，以迎接由现代化管理和教育带来的发展机会，并应对随之而来的严峻挑战。在我国社会主义市场经济快速发展、科学技术日新月异的今天，社会对人才的要求越来越高，传统的档案管理模式已不能适应现代化社会的需要，因此高校档案管理必须跟上时代的步伐，实现现代化管理。为了在这一领域取得领先地位，许多高校档案馆（室）已经着手建设数字化档案馆，并进行数字化和信息化的档案管理，这标志着高校档案管理工作正朝着现代化的方向持续发展。

（四）服务性

高校的档案管理工作旨在为学校的教育、研究和党政管理提供全面服务，同时也满足教师、学生和社会的各种需求。这种服务性不仅是档案管理部门存在的核心价值，也构成了其持续生存和发展的基础。

四、高校档案管理工作的要求

1. 确保档案保持其完整性和安全性

高校的档案记录了其宝贵的发展历程，并具有独特性。因此，我们不仅需要确保档案的数量完整，还要避免在档案的保存和使用过程中的损失。在管理档案信息时，我们必须遵循密级管理的原则，以确保信息的安全性。

2. 采用科学的方法来规范管理

现代的档案管理工作强调标准化，按照高校的档案管理要求进行统一的规划和协调，构建一个科学的管理体系，并制定相应的管理标准，以确保档案管理工作达到科学和规范的高标准。

3. 采用现代化的管理技术

传统的高校档案管理方式已经不能满足现代高校的发展需求，而采用现代化的管理方法能够显著提升档案管理的工作效率，这被视为高校档案管理的未来发展方向。

五、高校档案管理工作的作用

高校的档案资料真实地记录了高校的发展历程，它不仅是高校成长的核心，也是高校文化和精神的继续，代表了高校的精神遗产和物质财富，其价值是无法复制的。对于高校的档案管理来讲，它涉及档案管理机构对档案的形成进行的追踪、搜集、组织、保存和应用。此外，它还涉及挖掘高校档案的潜在价值，为高校管理提供基础服务，其中蕴含了丰富的历史和文化传统，同时也反映了高校的核心精神。

考虑到高校的档案管理与各项任务之间的紧密联系，档案管理在服务中占据了核心位置，为大学的教育、研究和管理活动提供了关键的参考资料。目前我国大多数高校都已建立了较为完善的档案管理制度，并取得了一定的成绩，而且在某些特定领域内，高校的档案管理不仅处于服务地位，还具有决定性影响。档案管理是高校文献信息管理体系中不可或缺的一部分，它在提升高校的知识信息处理能力和信息验证能力方面具有不可忽视的重要性。在短时间内，高校的档案管理工作人员将作为各种活动的服务提供者，可以提升档案在社会和经济方面的效益。随着时间的推移，高校的社会职能不断地扩大和延伸，高校的档案管理工作所保存的档案具有巨大的潜在价值和历史意义。通过开发档案管理工作，可以实现其在高校教育活动、科学研究、校务管理、文化建设等方面的价值。

第三节　高校档案管理工作的现状

一、高校档案管理工作的构成

（一）综合档案管理工作

传统的高校综合档案管理工作指的是档案管理工作人员将高校的教学、科研和管理部门生成的一系列文件、图表、声像或实物等资料进行归档、整理、鉴定、保管和开发，以便为档案的使用者提供必要信息资源的活动。综合档案管理工作是高校档案馆（室）统一指导、协助各学院、部门完成的档案管理活动，其归档门类丰富，按照归档材料的内容分为党群、行政、教学、科研、基建、出版、外事、设备、财会、实物、声像和人物等类别档案，档案的利用服务面向高校和社会，是高校档案管理工作中最基础的组成部分。①

（二）人事档案管理工作

原本人事档案管理是高校人事和学生管理的组成部分，但随着高校档案管理工作的逐步拓展，它已被纳入高校的档案管理任务中。档案管理与人事和学生管理工作有所不同，它是一个材料的累积过程。从人事档案和学生档案的形成开始，每个人的档案管理都是一系列的材料收集、整理、保管过程。档案依赖于生成者，即高校的教职工和学生，档案关系到他们的切身利益。档案中积累的信息不仅服务于高校人事管理和学生管理工作，还为个人提供信息的保管和利用服务。

（三）档案编研管理工作

档案编研管理是一项专注于档案信息资源利用服务的专业任务，其核心职责

---

① 张美莉. 新时期高校档案管理工作现状及发展策略[J]. 沧桑，2013（6）：230-231.

包括档案信息的收集、统计、分类和编纂，同时也是高校综合档案的整合和精炼过程。编研管理的任务是有针对性地将各种类型的档案整合为档案产品。作为高校档案管理的一个组成部分，它所提供的档案服务在形式上更为生动和形象，在内容上也更加有组织化和系统化，因此更容易被用户所接受。目前，高校的档案编纂和研究工作不仅涵盖了校史志的编纂和档案的汇编，还包括了档案展示的相关工作。

二、高校档案管理工作存在的问题

随着我国对高等教育的日益关注和重视，高校在合并、扩招、校区扩展和专业综合化等方面的快速进展的同时，还面临诸多挑战。与此同时，高校的档案管理工作也遭遇了新的问题，如随着教职工和学生档案的数量持续上升，如何在多个校区进行档案管理，网络化和无纸化办公技术的广泛应用，以及大量电子档案的增长等，都是亟待解决的实际问题。我国的高校在档案管理方面的进展明显滞后于整体发展水平。在实际操作中，档案管理工作人员的年龄结构偏老、学历偏低、档案使用效率不高以及档案信息化建设的滞后都是存在的问题。因此，各个高校在档案管理方面的能力仍有很大的差异。

（一）高校档案管理工作人员结构不合理

高校的档案管理工作面临着专职人员短缺和兼职人员过多的问题，而且这些工作人员的学历普遍低于专职教师，这种人员结构对高校档案管理工作的进一步开展产生了不利影响。

在高校中，档案管理专业人员通常需要具有初级、中级和高级的职称，但这样的专业人才相对较少，这限制了档案管理工作质量的进一步提升。因此，培养一支高素质的高校档案干部队伍，目前已成为一项十分重要而紧迫的任务。在知识信息时代，对档案信息的需求迅速上升，高校应更加重视档案管理团队的建设。

高校档案管理工作人员缺乏专业知识和实践经验也是影响其工作积极性的重要原因之一。在当前高校迅速发展和信息技术持续更新的背景下，高校档案管理工作人员不仅需要掌握档案专业知识，还需要精通计算机信息技术，并具备对档案管理和信息技术全面了解的综合管理能力。然而，现有的人才配置并不完全满足于高校档案管理工作的实际需求。目前，许多高校的档案管理工作人员在学习新的知识和接受信息技术方面的能力相对较弱，而且他们的创新思维也未能跟上时代的步伐，这些因素都在一定程度上制约了高校档案管理工作的进步。

另外，高校的档案管理工作人员稳定性不佳，且人员流动性大。考虑到在档案管理部门职称申请或职位晋升的机会相对较少，许多在职的档案管理工作人员经常处于换岗的准备状态，这使得他们难以全心全意地投入自己的工作中。

（二）高校档案管理工作模式单一

目前，高校的档案管理仍然停留在一个封闭、被动和单调的阶段，主要涉及档案的收集、整理、平等利用及提供利用。这种模式已经不能满足当前社会对高等教育信息资源开发与共享的需求，也不符合时代发展趋势，因此迫切需要改革。大部分高校在档案收集方面表现得相对被动，目前的档案管理部门还只能完成档案的归档工作。各个负责归档部门的兼职档案管理工作人员需要对即将归档的资料进行统计和整理，并将其转交给档案管理部门。此外，大多数高校的档案归档工作是分阶段进行的。例如，教学档案通常在学生毕业时或入学后进行归档，而兼职档案管理工作人员则是在每年或每个学期进行这一阶段资料的整理，尚未实现实时归档。因此，目前大部分高校的档案资料已形成了一个庞大而复杂的体系，由于档案数量庞大和长时间的累积，很难解决档案数量不足和内容分散等一系列问题。

在档案管理工作中，主要的服务模式是提供基础的档案信息服务，尤其是针对实体档案的应用。目前，档案管理工作所提供的网络信息检索主要集中在档案的条目信息上。通过这种方式，档案管理工作人员可以根据检索到的实体档案编号进行档案的查阅，并提供阅览或外借服务。此外，他们还可以通过复制、摘抄等手段提供档案的复制品、证明或展示实体档案。

当前，高校在档案资源的开发和利用方面主要依赖于档案编研管理，这主要通过汇编来实现，却缺乏对档案信息进行深入挖掘和研究的环节。编研任务通常是暂时性的，并没有形成统一的模式，因此档案编研的数量相对较少，其质量也需要进一步提升。

（三）高校档案管理工作效率相对较低

1.档案利用程序复杂

鉴于档案管理工作对档案生成者的依赖性，以及长期受到档案封闭管理体制的制约，档案的有效利用需要得到相关部门的正式批准，或者可以通过相关部门指定的人员来代替其查看档案，以获取必要的档案信息或证明材料。这种方式使得档案利用与社会需求脱节，进而导致档案利用率不高。在提供对外服务的过程中，当涉及个人信息的档案使用时，通常需要本人携带有效的身份证明或委托人提供的委托书等，方可进行查阅。这些规定使档案信息利用者的需求无法得到满足，同时又给档案管理工作人员带来一定压力。如此一来，多种因素的制约不仅降低了档案信息使用者的使用热情，还对档案信息的使用效率产生了负面影响。

2. 档案管理工作信息化水平低

首先，有些高校在档案管理方面的数字化和信息化水平相对较低，现有的档案大多以纸质形式存在，无法进行全文检索和有效利用，因此只能通过手动查询实体档案来提供档案利用服务。其次，大多数高校的档案管理信息系统仅能完成简单的档案条目输入和查询，缺乏与学校管理系统相连接的接口。最后，尽管大多数高校的档案馆都有自己的官方网站，但这些网站的主要功能是推广与档案相关的规定、工作流程等，网站的信息更新速度较慢，几乎没有为档案服务的客户提供的访问接口。

（四）高校档案管理资源有限

1. 高校档案管理资源客观受限

高校的档案管理资源在内容和形态上都受到高校各种管理活动和工作方式的影响，因此存在其固有的局限性。高校档案管理资源主要反映了各学院和行政部门的管理行为，以及教师和学生的日常工作和学习活动。然而对于高校之外的档案管理资源，这些资源几乎没有涉及。档案管理工作的实际效果也受到这些资源内容的制约，导致高校内部的档案管理和服务需求过于集中，难以充分发挥其对社会的服务功能。档案管理资源的形态受到高校管理方式的制约。目前，档案管理资源主要采用纸质形式，这限制了档案管理资源的直接利用，从而导致档案管理工作的效率较低。此外，我国的高校在档案管理资源方面存在不足，尤其是在建校初期，档案管理资源相对较少。一些具有悠久历史的高校由于战争等因素，在特定时间段内失去了所有的档案资源，特别是在中华人民共和国成立之前，珍贵的档案资源更是稀缺，有的甚至完全缺失。

2. 各类别档案管理资源分布不均

尽管高校的档案种类繁多，但档案管理资源的分布却存在显著的不均衡性。这些管理资源主要包括大量的党群和行政类档案。其中，宏观和综合性的政策方针类档案管理资源较为丰富，而具体、典型和微观的内容则相对较少。此外，高校的管理活动计划和总结类档案资源较为丰富，而处理日常事务的档案资源则相对较少，档案管理资源存在严重不平衡问题。经验表明，实物档案资源在提供档案展示和利用服务方面具有不可忽视的优势，是档案展示的关键组成部分。然而，目前高校的馆藏中，实物档案资源相对较少，因此实物档案资源的展示服务效果并不理想。

3. 高校特色档案管理资源缺失

高校不仅是优秀教师的汇聚之地，也是一个充满智慧的园地。然而，目前我国的高校档案管理尚未充分利用这些有利条件，导致档案管理资源缺乏高校的特色。在高校的档案管理资源中，涉及高校杰出教师、专家和学者的个人档案管理资源相对较少，甚至某些高校还未设立此类档案，从而造成了高校名人档案管理的缺失。另外，在高校中，能够反映教师和学者学识与教学经验的知识信息管理资源相对较少，这严重制约了档案管理工作在教育方面的功能发挥。

三、高校档案管理工作问题产生的原因

（一）传统思想观念因素

根据过去的实际工作经验，高校的档案管理工作要求档案管理工作人员必须细心和有耐心，愿意默默付出，然而档案管理的实际效果往往被大多数人忽视。无论是高校的领导、教职工、学生还是档案管理工作人员，他们对档案管理普遍缺乏深入的了解和认识，对档案管理的意识也相对较弱。

与高校中的教育、教学和科研活动相比，档案管理的核心地位往往被轻视。部分高校视档案管理为日常且基础的任务，认为其主要职责是收集和保存档案，很少意识到档案的真正价值，更别提考察档案管理工作人员是否具备全局观念和能力来推动档案管理的创新了。随着信息技术的高速发展及社会信息化进程的加快，网络已经成为人们生活中不可缺少的一部分，网络为档案的发展提供了诸多便利。然而，过度的本位主义导致档案管理缺乏全局视野，与其他管理部门合作

不足，无法实现资源共享和共建。因此，高校在整体网络化建设过程中缺乏对档案管理工作的全面现代、指导、管理和控制能力，因此导致了档案资源的流失。高校的档案管理部门在自身发展过程中表现出高度的依赖性，缺乏主动性，存在对外界环境的响应速度缓慢，以及信息流通的不足等问题。

过时的档案管理方法和手段导致高校档案管理内容过于简略，这使得档案管理在高校的地位被边缘化。由于学校对档案资源认识不足，加上档案资源的积累相对缓慢，导致了高校档案利用率低、管理难度大等问题。此外，由于部分高校对高校档案信息服务重视不够，导致很多高校的档案信息化建设没有跟上时代发展步伐，许多重要档案得不到有效的保管和利用，大大降低了档案的利用率。在高校中，档案管理工作依赖于等待、归档、查询和利用等多种方式。在传统观念下，档案管理工作人员持有乐观的心态，认为只要将应当保存的档案收入馆藏，并将可利用的档案提供给外界，就能确保档案不会丢失或损坏，一切都将顺利进行。这种观念导致了很多人对高校档案管理工作缺乏足够的重视和投入。此外，由于高校的档案管理职位被过度压缩，导致了工作人员的短缺。部分档案管理工作人员不能准确地理解和评估自己的职责，也缺乏对工作改进和创新的兴趣，甚至尝试从档案管理岗位中调离。在传统观念支配下，许多学校对档案资料采取了"藏而不用"或"束之高阁"的态度，这在很大程度上限制了高校档案管理的进步，并限制了档案在社会和经济上的潜在价值。

在高校的档案管理工作中，传统的工作模式往往缺乏有效的规划和管理，部门各自为政，追求"大而全"的目标。例如，在档案收集过程中，为了实现归档量的目标，各个部门通常会将普通发放的文件作为工作任务进行归档。这样就造成大量文件资料分散于各个部分，涉及高校多个工作领域的文档在各种类型的档案中会反复出现和归档，不仅占用了有限的档案存储资源，还严重削弱了档案信息的实用价值。

除上述因素外，高校的管理方式相对稳定，高校档案的使用者主要是学校的教师、学生及已经毕业的社会成员，他们对某种类型的档案有着固定的使用需求。因此，高校档案管理工作的重点就是做好各类档案的收集工作。多年的档案使用经验使得高校在档案管理上过于关注档案的整理和使用，缺乏创新的档案管理方法，导致高校的档案管理始终停滞不前，缺少整体规划。

(二)资金资源投入不足

高校的档案管理工作涵盖了从最初的文件和资料的整理,到后续的归档、鉴定、保管、开发和利用等一系列复杂的管理活动,这对档案管理工作人员的专业结构提出了更高的要求。因此,如何提高高校档案管理部门的整体管理水平,是一个值得探讨的问题。在知识经济的背景下,对档案管理工作人员的素质有了更高的期望,他们需要掌握档案、现代科技及管理技术的综合知识。遗憾的是,许多高校的人员配置并未达到人们的期望,导致我国高等教育事业发展迅速的同时,与之相应的高校档案管理工作人员却严重不足。当高校的行政管理人员编制变得紧张时,档案管理职位经常是首个被裁减的对象,这加剧了人员短缺的问题。同时,许多高校的领导对档案管理工作人员没有足够重视,许多高校的档案馆被视为大学的退休机构和关系中心,这也导致了其员工结构的不合理性。

与高校在教学和科研方面的设备和基础设施投资相比,对档案管理的资金支持相对较少。由于高校在档案管理方面的设备和技术投入相对较低,许多高校仍然依赖于手工操作,这与信息技术时代的高科技进步存在显著的差异,造成了许多档案信息资源得不到充分利用,严重制约着高校档案管理工作水平的提升。许多高校的档案馆或档案室的存储空间和各种设备尚未满足标准要求,对于新兴的、现代化办公环境中出现的档案媒介,如扫描仪和服务器等,仅有少数高校档案馆配备了这些设备。许多高校尚未建立专门用于档案管理的档案库。与此同时,尽管部分高校为其档案管理提供了先进的设备,但由于缺乏必要的配套设施,这些设备在购买后仅作为摆设存在。由此可见,高校档案管理的现代化进程受到了档案管理资金不足的严重限制。

(三)档案管理工作职能限制

1.行政干扰

在我国档案管理能力较强的高校中,它们普遍将档案管理部门视为独立二级管理实体。然而,许多高校的档案管理部门并不是一个完全独立的二级单位,它们在组织管理的结构、资金和人员配置上往往受到高校行政决策的限制。在高校行政管理部门的指导下,这些档案管理机构面临着档案管理业务的干扰,这使得工作人员很难按照既定的业务流程来完成工作。

2. 档案利用权限限制

档案的使用受到其密级和保存期限的制约。当前的档案鉴定流程不能及时评估和审核需要鉴定的档案，这导致无法根据具体情况调整档案的密级和保存期限，从而影响档案信息的安全公开、开发和使用，更不用说实现资源的共享。尽管大部分归档后的档案被定义为开放式档案，但档案信息的公开程度仍然受到档案生成部门的限制。在当前的体制下，档案的生成者，即归档单位，对其生成和移交的档案具有优先的使用权和监督权。一些归档部门还会向档案管理部门提出档案利用的条件，如其他档案利用部门或个人必须得到该部门的批准，才能使用其部门生成的档案。

3. 职能定位不准

高校的档案服务往往仅限于等待人员进行查询，这主要是由于高校档案管理工作对自身职能的定位不够准确，缺乏全局视野，仅局限在针对现有资源提供的服务，以及对前来提出需求的档案使用者提供的服务。事实上，档案管理的职责不应只局限于提供使用服务，还应涵盖档案的整理、开发等相关任务。高校档案管理工作中涉及很多环节，其中最重要也最基础的就是归档与整理。随着社会进步，高校不断地调整其职能和活动，这些变化产生了大量的信息。因此，高校档案管理部门需要密切关注高校的整体发展和变化。目前，高校档案管理工作缺乏这种敏锐的洞察力，只能在原有的规定和范围内进行工作，缺乏对高校职能活动变化的察觉能力和对文件价值影响的分析能力，不能及时调整归档范围，从而导致档案信息资源的流失，更不用说扩大档案收集范围和拓展档案信息来源了。

4. 宣传职能缺失

在知识经济和信息化的时代背景下，人们对信息资源的需求急剧上升。因此，高校的档案信息资源利用服务应当受到高度重视。然而，长期以来档案信息资源却被忽视了没有发挥出应有的作用，档案管理和利用工作依然停滞不前。这主要是因为高校对档案的重视程度不足，以及对档案开放利用的宣传力度不够。那些从事档案管理的专业人士认为自己与宣传工作不相关，这种观点实际上是对档案管理工作的一种误读。高校的档案管理部门缺乏对市场需求的敏锐洞察，存在盲目封闭的现象，对于自身工作成果和档案价值的宣传也相当有限。档案管理工作人员仍然坚持传统的观点，很多使用档案的人都觉得档案很神秘，这在很大程度上限制了档案事业的发展。随着网络技术在高校中的广泛应用，越来越多的高校建立起档案管理信息系统。但是，由于受到校园局域网的制约，档案管理信息系统的访问权限仅限于为高校提供档案服务，其服务的受众范围相对较小，这限制了高校档案的更广泛的宣传和应用。

第四节 高校档案管理工作的改进措施

一、明确高校档案管理工作的指导思想和原则

（一）树立高校档案管理工作发展理念

近年来，高校的档案管理改革取得了显著的成果，但我们也不能忽视其中存在的各种问题。为了实现可持续发展，改变现有状况是关键。管理思维的不断进步和观念的刷新是引领这一改革的先行因素，而与时俱进的发展观念则是赋予高校档案管理更多活力的重要保证。

1. 正确认识高校档案管理工作的重要性

在高校中，档案管理的任务是为了更好地开发和利用教育科研的档案和资料，这也是知识技术传播和应用的关键环节。知识的传递是高校档案管理的核心研究领域，也是档案管理服务于"两个文明建设"的显著标志。因此，我们必须重视高校档案管理工作中的知识传播问题，以促进学校教学、科研水平的提高。在知识经济的社会背景下，知识经济的理论主要由三个核心部分组成：知识的创新、知识的传递及知识的实际应用。档案管理的各个环节，如收集、评估、组织、开发和应用，实质上是知识的传递和应用，关键在于如何确保它在这一过程中充分发挥其应有的功能。这就像是一项由科学家、工程师或设计师最初创造或设计的知识创新成果。这些成果不仅是一种知识，当它们被归档为档案后，还可以以另一种方式被开发、传播和利用，即通过档案的开发和利用，在社会上广泛传播，成为实际的生产力。

此外，一系列创新成果的过程和内容都被妥善保存在档案中，这些积累下来的知识财富也可以为未来的知识创新提供重要的档案支持和参考资料。通过档案，

人们还可以了解到相关研究人员在知识创造与应用方面做出的贡献，以及他们取得成就的原因，进而激励人们不断进行知识创新，最终达到提升国家创新能力的目的。显然，档案管理不仅能够传递知识，还能推动知识的创新，让知识展现其独特价值，进而助力知识经济的壮大。高校的档案管理工作是高校教育和科研成果传播的关键途径之一。由于高校是高科技和文化知识的汇聚地，档案管理在知识经济市场中具有独特的优势。因此，在知识经济时代，档案管理工作是不可或缺的一部分。高校的发展、教育事业的进步及社会的进步都离不开高校档案管理工作，它在高校和社会的发展中起着至关重要的作用。在知识经济的背景下，高校的档案管理工作人员逐渐意识到档案管理在知识传播和技术应用中的重要性，并据此转变传统观念。

2. 树立与时俱进的高校档案管理工作发展理念

在信息技术飞速进步的时代背景下，人们对信息的需求日益增长，这为档案管理带来了巨大的发展机会。高校的档案管理工作需要紧紧抓住这一机遇，摒弃传统的、固守现状的管理思维，摒弃计划经济时代的被动态度，确立与时代同步的档案管理发展观念，用前瞻性的视角去探索高校档案管理的优势，发掘档案管理的潜在价值，扩大视角，开放思维，从而提升档案管理的整体水平。

（二）明确高校档案管理工作原则

1. 实用性原则

实现高校档案管理工作的价值和发挥其作用是档案管理工作的核心任务，合理开发和利用档案资源是做好档案管理工作的目标，优化档案管理工作需要遵循实用原则并付诸实践。如何做好档案管理工作已经成为每一位从事高校档案管理工作人员必须深入思考的问题。高校档案管理工作的目标是进一步丰富档案资源，从多个角度挖掘隐藏的信息资源，并挖掘现有档案资源的内在价值。通过加工和利用这些资源，我们期望为高校的教育、科研、党政管理等多个领域及广大师生提供全面的服务支持。

2. 时效性原则

在进行档案管理时，时效性是至关重要的。高校的档案管理工作并不仅是简单地获取第一手资料或迅速获取信息。随着现代生活节奏的加快，迅速的响应速度已经成为档案管理工作的基本要求。对于那些拥有悠久历史的档案资源，它们也具有重要的信息价值。对这些长期保存的档案进行深入挖掘和整合，是对其时效性的一种展现。高校的教学、科研、管理等活动中都会涉及大量的档案材料，这些档案材料不仅是宝贵的教学资源，也是高校开展各项教学活动必不可少的参考资料。例如，随着高校的快速发展，不同的高校在各自的成长阶段都有其独特的经历和成果。开发历史资源的目的就是更好地利用这些档案资源，确保它们能够充分发挥其潜在价值。因此，在高校的档案管理工作中，时效性是至关重要的。一方面，需要敏感地识别所有可能获取的信息资源的来源；另一方面，需要抓紧时间，迅速从档案库房中提取因历史和技术因素而隐藏的信息。这就需要建立起高效便捷的网络环境来进行信息共享与传递，使所有人员都能够参与到档案信息化建设中。这样我们才能根据各个部门或服务受众对信息的不同需求，提供高质量、实用性强的档案信息，并提供高质量的档案利用服务。

3. 服务性原则

高校的档案管理工作旨在服务高校的各种管理活动，最大化档案的社会和经济价值，因此应将其定位为服务性质的工作，而不仅仅是管理性质的工作。档案不仅是凭证和情报的重要来源，还能满足人们某些活动的需求，其内在价值是不可估量的。在档案管理过程中，只有将档案作为一种服务产品提供给用户时，才能真正实现其价值。档案管理工作可以直接向用户提供利用服务，它既包括了传统的利用，也包括了现代网络环境下的利用。档案管理既可以直接提供档案的查询服务，也可以提供档案的汇总信息等，这些都是档案使用者所需的服务方式。随着社会的进步发展，高校档案数量越来越多，如何更好地利用档案为教学与科研服务已成为当前高校档案管理工作人员关注的重点问题之一。因此，我们不能只局限于提供直接的档案利用服务，还需要在利用前的各个环节，如档案管理资源的收集、开发、统计和编研等，做好充分的准备工作。

二、构建科学的高校档案管理工作体系

（一）优化档案管理工作机制

1. 领导责任机制

高校的管理团队对档案管理的高度重视是确保高校档案管理工作顺利进行的

关键因素。无论是在档案管理工作的制度保障、资金投入方面，还是在优化档案管理工作环境方面，都需要得到领导的高度重视和大力支持。因此，建立科学合理的高校档案管理工作体系应当明确领导责任机制，并组建以校长或分管校领导为核心的高校档案管理工作领导小组或档案管理工作委员会，以确保档案管理工作得到有效的检查和指导。有了高校管理团队的支持，档案管理工作领导小组才能够站在高校发展的宏观视角，将档案管理工作整合到高校的整体管理规划中。

2. 竞争机制

只有存在竞争，发展才能得以实现。引进竞争机制不仅是高校档案管理优化改革的强有力的推动力，也是提升高校档案管理工作质量的关键途径。

①竞争机制有助于提高档案管理工作人员的竞争意识，激发他们的工作积极性和主动性，从而更加注重提升自身的政治素养和业务能力。这种工作竞争机制不仅可以促进专业人才在档案管理工作中取得显著的成就，还可以进一步推动档案管理部门的整体水平提升。

②为了提升高校各职能部门和全体师生对档案管理重要性的认识，开展档案管理工作评比是非常必要的。通过评比检查，可以在高校中培养出强烈的档案教育意识，并对高校各管理部门和学院中的兼职档案管理工作产生积极的推动作用。这不仅可以改变学校师生原有的被动态度，如"档案管理工作不是我分内之事"和"干与不干一个样"，还可以促使他们将档案管理工作纳入岗位职责和工作考核内容，从而更好地推动各部门积极配合高校档案管理工作，确保档案管理工作的真实性、全面性和系统性，以实现高效的归档管理。

③通过实施竞争机制和责任明确的激励策略，档案管理工作人员不仅感受到了工作的压力，还获得了更大的工作动力。这使得他们能够更加专注于自己的职责，并对比进行深入的研究和探索，优化和创新档案管理，成为高校在教学和科研方面的得力助手。

在此背景下，高校的档案管理部门应当摆脱过度保护，主动参与到社会信息服务的竞争中，确保提供及时、精确、实用且具有图书馆特色的档案信息，以求在竞争中生存和发展。

3. 评估机制

（1）高校档案管理工作的自我评估

在评估高校的档案管理工作时，我们不应只关注传统的档案收藏数量、使用人次、档案管理系统及档案馆（室）的基础设施等关键指标。虽然在某些特定的历史时期，这些指标是非常积极和有效的，但随着社会的进步，这些标准开始显现出其局限性。档案管理工作所创造的信息价值和产生的社会效益是评价档案管理工作质量的关键标准。目前，我国大多数高校都建立了自己的档案信息管理系统，但由于某些原因，还不能完全满足当前高校的发展需要。因此，在档案管理工作中，我们应该加强对档案信息资源的管理能力，摒弃传统的经验管理方式，转而采用现代科技知识和管理技术进行更为科学的管理。通过评估馆藏档案的价值和利用服务带来的社会及经济效益，我们可以衡量高校档案管理工作馆藏资源的状况。这将有助于不断丰富档案信息资源，以满足高校的发展需求和师生对档案服务利用的期望，同时也能满足信息社会市场对高校档案管理开放利用的需求。由此可见，自我评估的主要目标是深入了解档案管理的当前进展，掌握其发展趋势，并寻找发展的需求，从而确定与未来发展相匹配的工作方向和策略。

（2）对上级主管部门和档案服务对象的评估

除了对高校的档案管理工作进行自我评价，评估机制还应包括上级主管部门和档案服务受众的评价，这两个方面可以直接反映出高校档案管理工作的质量和服务水平。评估上级主管部门有助于明确其职责，并增强主管领导对档案管理任务的关注与支持。对于档案服务对象的评价有利于发现问题、总结经验，以便更好地促进档案管理工作。具体来说，首先，把主管领导对档案管理工作的指导纳入评价体系，有助于主管领导更直接地指导档案管理工作。将档案管理工作纳入高校各项工作的总体规划，这样主管部门或领导就能更好地关注档案管理工作的最新动态，从而确保档案管理工作在高校范围内的顺利进行。其次，通过主管部门的评估也有助于加强学校各级管理人员对于高校档案资源建设和管理工作的认识，提高对上层领导的评价有助于为档案管理任务获得更多的资金支持。其中包括对档案管理工作的编制、职称、人员培训等方面的投入，优化高校档案管理部门的人员结构，提升档案管理工作人员的素质，一系列的规划和设计，为高校档案管理工作的可持续发展提供人力资源的保障。对于主管领导的评价也反映了领导责任制的实施，这有助于明确工作中的责任划分。最后，评估档案服务对象是一种统计调查的方法。通过对服务对象使用的档案内容进行详细统计，我们可以更好地了解档案信息资源在档案服务中的价值和时效性。这有助于根据档案管理资源的信息时效性进行及时的处理，避免因信息延迟导致的服务价值下降，并有助于对档案信息资源的需求进行深入分析，从而更有针对性地开发档案管理资源。

（二）健全高校档案管理工作职能

1. 完善高校档案管理工作管理职能

高校的档案管理组织在对档案进行管理时，不仅要确保档案管理的完整性、安全性和规范性，还需要根据高校的发展趋势和社会需求，进行档案管理的现代化和科学化进程。现代高校的档案管理不仅局限于简单的资料收集、保存和借阅，还需要根据档案管理的发展趋势，对其进行深入的研究和探索。在过去的档案管理实践中，人们往往忽视了高等教育档案馆（室）真正的档案保管目标，即为高校和社会各界提供全面的档案信息服务，这导致了对档案的过度收藏而忽视了其进一步的开发，使得高校档案馆（室）几乎变成一个信息隔绝的场所。挖掘档案的信息资源、完善档案管理职能，不仅是档案管理的核心职责，同时也是档案管理任务的核心内容。为了更好地完善管理功能，我们需要根据档案服务的目标群体和社会市场的实际需求，将管理焦点从传统的保存方式转变为档案资源的挖掘、信息的整合和创新。只有这样，档案信息的潜在价值才能得到最大化地利用，从而实现档案管理工作的根本转型。

2. 加强高校档案管理工作服务职能

高校的档案管理承担着为大学和社会提供服务的重要任务，服务始终是档案管理工作的核心目标。因此，必须重视高校档案服务功能的发挥，不断地进行创新与完善，使之更好地为高等教育事业服务。强化档案服务的功能，确保档案服务成为高校档案管理的首要任务，所有的档案管理活动都是以服务高校的教育研究和社会需求为核心，从而为高校档案管理工作创造更多的发展机会。

3. 优化高校档案管理工作教育职能

虽然档案教育是档案服务功能的一种具体体现，但它与档案服务并不完全相同。更准确地说，档案教育是对档案服务的进一步拓展和外部支持。从这个意义上讲，高校档案馆应该承担起培养大学生档案素养的任务。档案管理机构的教育功能主要体现在强化公众舆论的宣传力度，以及提升高校和社会对档案的认识和意识。档案教育有多种展现方式，它旨在宣传高校档案管理的成果，展示档案信息资源的开发成果，并向大学师生普及档案管理工作的重要性。参考高校图书馆在文献检索课程中的实践，将档案知识和使用方法的课程纳入高校教学，可以加深学生对档案的认识，并为他们提供档案使用的指导，这对于提高高校档案管理的效率将是非常有益的。高校的档案管理部门也应该积极地参与到高校校史馆的建设和管理中，因为校史馆不仅是展示高校文化的重要窗口和平台，还能进一步扩展高校档案管理组织在档案教育方面的职责。

（三）提高档案管理工作人员的素质

在知识经济和科学技术飞速进步的现代社会中，人力资源已经变成生产力的首要组成部分。在这样的形势下，加强学校的档案管理工作的人力资源建设就显得尤为重要。高校想要提升档案管理的工作质量，达到科学和现代化的管理水平，就必须拥有一支高素质的专业团队，这对档案管理工作人员提出了更为严格的素质标准。档案管理不仅是一项政治性质的任务，也是维护党和国家历史真实性的重要工作。因此，从事档案管理的工作人员不仅需要具备高度的政治修养，还需要拥有高尚的职业道德，对档案事业充满热情，具有高度的奉献精神，并严格遵循职业道德和行为规范，同时还需要拥有扎实的档案专业知识、现代管理技巧和专业技术知识。此外，为了更好地适应新时代的档案管理需求，档案管理工作人员不仅需要具备敏感的信息感知和信息挖掘能力，还必须拥有创新思维和能力。

为了提升高校档案管理的工作质量，我们需要从年龄、学历和专业等多个维度来优化档案管理工作人员的配置。构建一支高素质的档案管理团队，并对档案管理工作人员进行素质提升的培训和教育，这是提升高校档案管理工作水平的关键因素。这一任务必须被纳入高校全面的人才管理规划之中。下面就如何完善高校档案管理工作人员培养与使用进行探讨。

首先，我们需要将培训制度化，将其视为高校档案管理任务的一个组成部分，制度化是确保档案管理工作人员接受有效培训和教育的关键保证。制定详细的制度文件，可以使各部门之间形成一个完整有效的体系，为档案管理工作人员提供良好的学习环境，以促进其整体素质不断提升。

其次，为了确保培训的高质量，需要建立一个评估和考核的机制。档案馆（室）

也应建立对应的评估体系，这样可以更好地激发档案管理工作人员参与培训的热情、积极性并确保培训成果。完善考核办法，有利于形成一个有效的监督体系，确保档案管理工作人员在学习过程中不断更新知识，适应现代社会发展需要。

最后，成立专门的工作小组，通过相互支持和借鉴优点，共同在实际操作中识别和解决问题，有利于拓宽思维视野，汇聚各方智慧，以实现档案管理工作的持续优化和创新。

三、转变高校档案管理工作模式

（一）档案实体管理向人力资本管理转变

传统的高校的档案管理主要围绕档案的实体进行，并围绕这一核心展开一系列的管理活动，但这种方式往往忽视了对人的管理，特别是对人的心理和行为模式的深入研究。随着信息技术的发展，人们开始重视人力资源管理问题。人力资源管理的核心是对人的关注，即是以人力资源的培养和应用作为主要的管理任务。人力资本是一种无形资源，具有不可替代的作用。在人类的历史进程中，每一个微小的进步都与人力资本紧密相连。人力资本不仅是所有管理活动的核心驱动力，也是至关重要的元素。先进的管理哲学强调以人为中心，只有当人力资本得到妥善管理时，档案实体的管理才能得以有效实施。因此，在高校中建立起完善的人力资本管理制度是十分必要的。人力资源管理属于软性管理的范畴，而对档案人力资源的有效开发和应用则代表着档案实体管理的更高层次，这包括对档案管理工作人员和档案服务对象进行深入的研究和管理。

如果没有一支政治觉悟高、业务能力出色的高质量档案管理团队，那么高校的档案事业将缺乏前进的动力，失去了由知识经济和信息化时代带来的发展机会，陷入停滞，并在社会进步中落后。因此，必须重视对档案管理工作人员进行思想教育和提高综合能力等方面的培养。档案管理工作人员不仅负责档案的收集、组织、保存和提供，还扮演着档案资源的探索者和创新者的角色，同时也是连接档案资源和使用者的桥梁。因此，提高档案管理工作人员素质对做好档案管理工作具有重要意义。档案管理工作人员的专业素养直接影响到档案资源的价值挖掘和服务的有效性，在档案管理实践中，重视档案管理工作人员的管理不仅能激发他们的工作积极性，还能增强他们的主动性和创造力。从另一个角度来看，我们还需要高度重视档案服务对象的管理，即在利用服务的过程中，必须始终坚持"用户至上"的管理哲学。这涉及关注档案服务受众的需求变动，持续追踪他们对档案服务的满意程度，并研究高校中某些特定的档案服务受众群体对档案价值的具体需求。同时要重视提高档案管理工作人员的业务素质水平。强调以人为中心的档案管理，也就是在观念和实践中都要重视档案管理工作人员和档案服务对象，这是符合知识经济和信息化时代档案管理工作要求的。

（二）局部管理向全面管理转变

信息化时代对信息的需求量与日俱增，信息更新速度加快，变得更加复杂。高校档案管理掌握着大量关于高校管理与发展的原始档案，其中蕴藏着大量的知识和信息，加强其开发利用是大势所趋。[①]

虽然高校的档案管理是核心任务，但研究高校档案管理现状显示，许多高校的档案管理仅仅集中在档案馆（室）的管理上，尚未实现对整个高校的全方位管理。这使得高校档案管理在实际工作过程中存在着许多问题，这些问题影响高校档案管理工作的顺利开展。近年来，经过档案管理改革，档案管理质量得到显著提升，档案信息管理网络平台成功建立实现了档案资源的共享。然而，目前这些平台仍然相对孤立，主要是因为高校的档案管理网络平台没有与高校各个部门的管理平台建立有效的联系，基本上只能实现部门档案的在线查阅和档案的在线归档这两项人工输入功能，并没有真正达到资源共享的目的。在这种情况下，建设高校档案管理工作的网络平台以实现资源共享就显得尤为重要。实现真正意义上的资源共享，可以使档案管理工作更好地了解高校各个部门的管理动态，而不仅仅是结果。例如，学生的学籍管理应该是一个连续的、按时间顺序排列的过程，而不是像现有档案管理工作中分散的入学、毕业这样的简单记录。此外，高校的档案管理工作主要依赖于各教育、科研和管理部门的档案收集。部分高校的档案管理工作之所以滞后，是因为在各部门正式归档之前，工作文件都被以资料的方式存储在各自的部门内。在这一过程中，许多具有时效性的档案信息被封锁，导致部分准档案变成局部管理，有可能因为信息收集的延迟而失去档案的原有价值。

---

① 李晓楠.浅谈高校档案管理机构的优化[J].现代交际，2015（7）：117.

高校的档案管理工作能将档案馆（室）与教学、人力资源和新闻宣传等多个数据中心紧密连接，从而构建一个全方位的管理网络系统。这样做不仅能实现档案信息资源的最大化共享，还有助于推动高校在教学管理、人力资源管理和宣传教育等多方面的工作进展。学生管理和教务两个部门的信息数据集构成了一个连贯的记录体系，这些信息会被整合到档案馆或档案室，并通过档案整理转化为实时更新的学生动态档案。这一系列信息不仅可供学生管理部门使用，还可供教务部参考，有助于全面了解学生。高校的人事部门与档案馆（室）有可能通过网络进行联合办公。为了更好地管理教职工，档案馆（室）为人事部门提供了一个查询教职工个人信息的接口，这有助于提高管理效率。人事组织部门更新教职工的任免等相关信息也能更快地反映在他们的档案中，从而解决了档案更新延迟的问题。随着信息技术和网络技术的普及，高校的计算机技术和网络应用已基本达到全面普及的状态。因此，各种工作任务的网络化速度也在持续加速，实现档案全面管理是迫在眉睫的需求。

（三）单一式服务向多元化服务转变

由于高校档案管理的服务功能需求和对档案信息服务的多样化需求，档案服务的使用方式已经从过去的单一和被动模式转向更加多元和主动的模式。在高校中，档案管理的重要性和价值主要体现在对档案服务的有效利用上。因此，我们需要培养档案开放的观念，并采用多种实用的服务手段，为档案服务的目标群体创造一个优质的使用环境。在此过程中，高校必须重视档案管理工作的开展。为了更好地优化高校的档案管理，档案馆（室）需要创新服务模式，提供多样化的服务，并增强档案管理工作人员的积极性。

1. 档案咨询服务

对于那些需要咨询政策性问题（如档案管理政策、档案信息的存储状态或高校的管理和教学问题）的档案使用者，他们可以直接咨询档案管理工作人员来获取所需的信息，从而节省查找原始文件的时间。从另外一个角度看，高校的档案管理工作人员可以根据提供的咨询服务内容，深入了解档案使用者的具体需求和使用标准。这样，他们可以直接获得档案服务的反馈信息，从而更方便地进行档案服务的统计、评估和研究，确保档案服务更好地适应高校的发展趋势和满足服务对象的实际需求。

2. 主动服务和定向服务

从事档案管理的专业人员需要积极地探索和研究高校、社会对大学档案使用的需求，深入了解客户潜在的需求趋势，以确保档案的有效开发和管理，并为他们提供更优质的档案服务。这是高校档案管理工作必须面对并解决的重要问题。在高校中，教学评估被视为档案管理工作中的主动服务实例。评估需要高校提供大量的教学成果证明，但这些证明材料并不是特定的月份或学期，而是长期存在的，具有真实性和原始性，能够全面反映高校在教学各个方面的表现。只有严格规范档案管理并充分利用高校档案的出证功能，才能避免高校在教学评估前因缺乏明确目标而陷入混乱。教职工在进行评职和提薪时，需要由档案馆（室）出具相应的证明文件，这不仅是档案证明的合法性和唯一性的体现，也是对教职工为高校所做贡献的证明。无论是在科研项目还是在管理方面的成就，都会被保存在高校档案馆（室）中。档案馆（室）会记录这些成就，并在需要时提供合法和唯一的档案证明。这种服务也有助于激励取得成绩的教师和职工积极地将集体荣誉材料归档，以确保档案的完整性。此外，我们还可以根据高校在某个阶段或某个部门对档案使用的特定需求，提供有针对性的重点服务，并主动将这些档案服务提供给高校的各个部门。这样不仅可以提升高校档案服务的质量和效果，还有助于提高高校对档案管理的认识。

3. 超前服务

超前服务是档案管理前端控制思想的具体表现，这一思想是由法国著名档案学者C.诺加雷提出的。它强调档案管理工作人员应在文件的生命周期中尽早干预，从文件形成之初直至归档的整个周期进行预先设定管理，并在文件的形成和维护阶段进行监督。确保档案的真实性、完整性和有效性是前端控制的核心目标。高校的科技档案管理始于一个科研项目。在项目启动之初，档案馆（室）就开始收集与项目相关的文件、合同等资料，并持续追踪并收集该项目的所有档案资料，直至项目结束，以确保科技档案的完整性。

4. 展示服务

在我国，许多高校都设立了自己的校史馆，这些校史馆大多数都是在档案馆的管理之下运作的。这种做法是高校档案管理部门的一大优势，因为高校档案馆的馆藏信息不仅可以展示高校的发展历程，还能体现档案的价值，并为档案提供一种更为直观的服务方式。为了吸引档案服务对象的关注，可以有针对性地整理和展示档案资源。这包括高校教育教学和文化建设方面的历史资料，以及高校科学研究方面的模型和标本等，这些都可以以创新的方式呈现。除了上述内容，档案编研也是一种展示档案开发和利用服务的方式。它可以从档案中提取信息，并根据需要进行编纂，或者将历史事件进行还原，这有助于档案服务对象掌握和利用档案信息。

四、完善高校档案管理资源

（一）丰富档案馆藏资源

丰富的藏书资源是档案管理的核心资产，对高校档案馆的发展至关重要。因此必须确保高校档案的完整性，并根据实际情况调整档案的组织结构。此外，我们还需要进一步拓展高校档案管理的馆藏资源，增加档案管理的实体资源，以更好地展现高校在教育、科研和管理方面的成果和独特性。

1. 建立档案整理和存档管理制度

要做好这项基础性工作就必须建立完善的规章制度，以确保档案收集齐全有效，并使其规范化。档案的整理和收集不仅构成了丰富图书馆资源的核心，也是高校所有工作的基石和一项持续、常规和连续的任务。高校的档案管理制度明确了各部门的归档范围。考虑到各部门的工作职责和性质存在差异，档案管理部门和各归档部门应根据实际工作需求来确定归档范围，这样不仅能满足档案管理的标准，还能确保各部门最有价值的工作和管理活动的资料能够作为完整的档案进行保存。

2. 分析使用需求，调整档案管理结构

档案是学校历史文化的积淀和传承，是重要的信息资源。因此对高校档案馆藏进行优化配置就显得尤为重要。评估图书馆资源的丰富性和结构的合理性，关键在于评估档案服务的实际效果。尽管高等教育档案馆的藏书数量每年都在增加，但这些增长的数据并未显著提升档案价值。某些高校在追求完成既定任务时，往往在档案价值评估过程中缺乏明确的标准，这导致大量不具有长期保存价值的资料得以保存。在这些档案中，知识性、政策性和结论性的内容较多，而能够真实反映高校建设、实践经验和高校特色的档案则相对较少。因此，档案馆的收藏结构亟须进行调整和优化。

通过对我国目前高校档案馆藏资源现状进行分析，优化高校档案馆藏结构可以从以下方面着手：

第一，需要对档案利用服务的需求进行深入分析。高校的档案管理主要是为了满足教学、科研、管理及广大师生的需求。因此，高校应该从学校自身特点出发，制订出符合本校发展要求的馆藏结构，并整合现有档案资料，实现资源共享。

第二，需要扩展档案的收集领域，包括种类和地域。随着高校的飞速进步，那些具有保存价值的待存档材料，无论在内容还是形式上，都超出了传统的档案分类方法所能涵盖的范围。因此，高校的档案管理工作人员应依据学校的具体状况来调整档案收集的范围，并扩大档案存储的方式和形式。

第三，在地域范围内，突破高校的限制，通过社会征集和网络数据收集等多种方式，搜集那些能够展示高校教育成就和特色的信息，以及具有文化宣传和教育价值的资料，从而丰富档案信息资源。

3. 积极推进档案信息资源的开发工作

积极推进档案信息资源的开发是挖掘高校档案的潜在价值、服务高校建设与社会需求的关键。因此，做好档案编研工作具有重要意义。档案的价值体现在其所包含的信息上，但这些信息大多是散乱和非系统性的，因此，有针对性地将这些分散在档案中的信息进行整理，并将其转化为系统性的信息输出，不仅是对高等教育档案信息资源的一种开发，也有助于提供高品质的档案利用服务。编研被视为档案开发的一种方法。为了提高档案信息编研的质量，档案编研必须以实际需求为中心，加强对市场的调查研究，预测档案服务受众的市场需求，并与高校师生进行深入的交流和沟通，以便及时掌握高等教育和科研工作的关键领域，捕获社会生活中的热门信息。这有助于档案编研工作人员对高校和社会上的不同服务对象的需求有清晰的了解，可以有针对性地进行档案编研，从而实现高校档案信息资源的社会和经济效益的开发利用。目前我国高校档案馆开展过程中还存在着一些不足。例如，由于高校档案管理机构的人员规模和专业技术水平的局限性，某些档案信息产品在初始阶段难以独立完成。为解决这一问题，高校在开发档案信息资源的过程中采用联合开发模式，这种模式能有效地补充高校档案管理部门的不足，由档案管理工作人员负责设计开发资源的内容、可行性和价值等多个方面，而产品的开发则由合作或聘请的技术专家来完成。例如，高校为校庆推出了校友查询系统，这极大增强了档案的实际价值，并凸显了档案管理在大学建设和进步中的核心地位。

（二）推进档案管理资源数字化建设

在知识经济和高度信息化的社会背景下，高校的管理活动导致文件材料的快速增长，档案的数量也急剧上升。信息化时代的到来对高校档案信息资源的利用提出了更高的要求。传统的纸质档案存储方式和手动检索流程已经无法满足现代社会的需求。因此，高校在档案管理方面需要加速现代化进程，以适应不断变化的时代需求。只有不断探索新方法，通过运用先进的科技手段来优化档案管理流程，才能更好地实现档案管理现代化的目标。

尽管只有少数高校建立了数字化档案馆，但更多的高校也渴望进入档案管理的现代化时代。数字化档案馆采用二进制编码的方式来存储和处理馆内的信息，强调档案的高度数字化，不仅要对档案条目进行数字化处理，还要确保档案内容的数字化，利用计算机进行管理，并通过网络进行信息传递。目前，许多高校已经实现了档案条目的数字化，但与完全数字化档案馆之间仍存在明显的差异。档案数字化的程度越高，其利用效率也就越高，这有助于进一步提升高校档案管理的整体水平。

为了加强高校的档案管理，计算机技术的应用变得尤为重要。利用计算机和网络技术进行档案的收集、组织、评估、存储和统计是实现档案管理现代化的基础。建立一个档案信息数据库并充分利用计算机的集中存储和快速检索能力，是提升档案管理效率的核心任务。推进高校的档案信息网络建设，是加速档案的数字化和网络化步伐，确立档案信息化的准则，规范管理流程，并提升档案信息处理的工作效率的关键。

电子校务在高校中对档案管理构成了挑战。为了适应高校的发展需求，加强高校档案管理工作的现代化改革变得尤为重要。高校档案管理不仅需要适应网络化和信息化的管理手段，实现在线办公，还需要加强对现代化技术和信息化手段的投资和建设，同时也要重视电子文件档案的收集和保管，以及网络数据的安全管理，确保档案信息的完整性和完全性。

(三)构建"大档案"环境——资源共享

为了构建一个全面的"大档案"环境,我们需要创建一个强大的档案外围环境,提高全民对档案的认识,增强档案的开放性,并在社会背景下实现档案资源的共享,从而提升档案服务的整体质量。

①提高公众对档案的认识和意识。高校应从内部出发,通过多样化的手段来加强档案的宣传活动,以不断提升公众对档案使用的认识和意识。这包括举办各种展览、讲座等形式开展宣传教育活动,使广大师生认识到档案与人类历史发展息息相关。当前,我国档案管理部门还没有真正实现社会化,档案资源分散于各个单位,利用率低。因此,开展档案信息服务变得尤为重要。只有当公众对档案有充分的了解时,才会产生对档案管理工作需求和期望,从而推动档案管理工作的进步。展示高校档案管理的重要性和取得的成果,可以培养人们主动使用档案信息的意识。采取这种方式不仅可以改变档案管理的被动状况,还能提升高校档案信息的使用效率。

②增强对档案的透明度和开放性。社会化服务工作是为了更好地满足社会各个领域对档案的需求,高校应积极宣传并大力推进档案信息资源的使用,同时应建立相应的规章制度和管理办法,以确保档案资源开放工作顺利进行。在不违反《档案法》的基础上,可以适度放宽对教学、科技和行政类档案向公众开放的限制。我们应该主动地去了解社会的需求,并采用现代技术手段,尽量开放那些对社会有大量利用和高频使用的档案,有助于档案能够充分发挥其在社会中的潜在价值。

③档案资源共享。高校的档案管理需要摒弃过去各行其是的传统思维,转而培养服务于社会的意识和资源共享的新理念。这种转变对于实现档案信息资源的共享至关重要,它不仅能体现高校档案的价值,还能为高校档案管理工作指明一条新的发展路径。

档案资源共享不仅局限于公开的档案信息,还涵盖了高校之间及高校与社会之间的档案资源共享活动。高校间的档案资源共享不仅可以实现资源的互通和共享,还能推动各自的发展和进步,同时,高校与社会的资源共享也能进一步丰富这些资源,从而提升档案的整体价值。

为了实现档案资源的全面共享,各高校需要达成统一的目标和意图。为了达到这一目标,需要建立一个统一的协调组织结构,并制定相应的制度、规范和标准，以实现从全局视角协调各高校资源的高效管理。美国的档案信息导航系统（NAIL）是档案信息资源共享的一个成功实例。这一系统是由美国档案和记录管理局（NARA）负责组织和建设的，可以检索到二百多个档案馆（其中包括10个总统图书馆）的数字化档案信息。它为各高等院校提供了共享数字档案资源的平台，也让各个大学都认识到了档案资源共享对自身发展的意义。目前，高校的档案研究会是各高校档案管理部门进行沟通、研究和学习的联合机构，有能力组织各高校进行档案资源的共享或合作展示宣传活动。通过这些活动逐渐让各高校认识到档案资源共享对高校的积极影响，促进所有高校对档案资源共享的共同支持。建立一个档案信息中心，实现各高校档案利用的最优分配是实现档案资源分享的关键。为了实现档案资源的共享，不仅需要档案的数字化，还需确保档案资源的丰富性，这构成了档案信息资源共享的核心基石。另外，通过实现高校档案信息资源的共享，各高校能够利用的档案信息资源将会大幅增加，这将有助于档案信息资源得到更深层次的开发和利用，从而促进学术研究，教育创新和社会服务的发展。

第三章 高校档案分类、收集与检索

高校档案的收集是高校档案管理工作的起点和基础，也是高校档案统一管理的重要手段。档案收集工作是否及时、准确、系统，应归档的文件材料是否齐全、完整、规范，决定着高校档案馆（室）馆藏档案资源的价值高低，也决定着馆藏资源是否丰富，还直接影响着高校档案的整理、保管、鉴定、统计等业务环节工作的成效高低，并最终影响到学校和社会对档案的利用效率高低。本章主要介绍了高校档案分类、高校文件材料的归档制度、高校档案收集的内容与要求、高校档案收集的措施与方法、高校档案检索。

第一节 高校档案分类

高校文件材料的归档范围包括党群类、行政类、学生类、教学类、科研类、基本建设类、仪器设备类、产品生产类、出版物类、外事类、财会类。

一、高校党群、行政档案

高校党群、行政档案属于文书档案范畴，二者在形成过程、整理方法等各方面都很相似，所以在本书中一并加以阐述。

（一）高校党群、行政档案内涵及其特点

1.党群、行政档案的含义

高校在党政管理工作中直接形成的具有保存价值的文字、图表、声像等各种载体的材料均属党群、行政档案。党群、行政档案是高校各项工作的重要参考和依据凭证。

2. 党群、行政档案的特点

（1）具有一定的政治色彩

党群、行政档案是高校党务、行政管理活动的真实记录和反映，涉及指令传达、任免奖惩、监察审计等，带有一定的政策性、思想性和严肃性。

（2）来源广泛，形成分散

高校的各个部门都有可能产生党群类、行政类文件材料，与基建类、科研类、设备类、财会类等门类档案相比，党群、行政档案的形成部门较多，相对分散，给档案收集的齐全完整和归档材料的系统规范带来了一定的难度。

（3）适宜根据《归档文件整理规则》以件为单位进行整理

《归档文件整理规则》的颁布实施是我国机关档案管理工作改革的一项重大举措，它提出了完全不同于传统立卷方法的"文件级"整理方法，文书档案"立卷"工作正逐渐被"归档文件整理"代替。

（4）在档案信息化建设上具有先发优势

随着高校办公自动化和数字化校园建设的持续推进，公文处理系统上大量电子文件的生成、运转和归档为党群、行政档案的数字化创造了极为有利的条件。

（二）高校党群、行政档案管理工作的原则

1. 集中统一管理

党群、行政档案应实行集中统一管理，以确保其完整、准确、系统和安全，便于保管和开发利用。

2. 部门立卷归档

党群、行政文件材料严格实行由文书部门（或业务部门）立卷归档的制度，即党群、行政文件材料的立卷和归档工作主要应由其处理部门及有关的文书工作人员来完成。

3. "三纳入"和"四同步"

党群、行政档案的管理应纳入高校各部门的计划和规划，纳入管理制度和纳入管理人员的职责范围，即"三纳入"。布置、检查、总结、验收各项工作时要同时布置、检查、总结、验收党群、行政档案的管理工作，即"四同步"。

4. 专人负责

高校各部门要有一位负责人分管本部门的档案管理工作，并确定适当的专（兼）职档案管理人员，协同校档案室认真做好党群、行政档案的收集、整理工作，并按规定向高校档案管理部门移交归档。

5. 科学管理，与时俱进

高校档案管理部门应努力提高党群、行政档案管理的科学性，适应现代化信息管理的需求，积极探索、实施文档一体化管理，充分发挥党群、行政档案的作用。

（三）高校党群、行政档案归档范围的确定

1. 归档范围确定的原则

①必须对高校和社会当前与长远具有参考作用、凭证作用和研究价值。

②必须反映高校党政部门职能活动的全过程，保证完整、准确、系统。

③必须遵循其自然形成规律，保持彼此间的有机联系，兼顾不同部门的不同特点。

2. 具体归档范围

（1）归档的主要内容

归档的主要内容包括党务、行政（教学、科研、基建、产品、设备、出版外事、财会管理文件除外）、工会、团委四个系统形成的文件材料，详细归档范围可参照《党群类档案归档范围和保管期限表》《行政类档案归档范围和保管期限表》，同时要结合本校的实际情况来确定。

（2）归档的重点

归档以本校形成的不同载体、形式的文件材料为主，特别是全局性、综合性的文件材料，其次是上级和其他单位发来的文、电及附件，上级来文中以针对本校的指令性、指导性文件为主。

（3）资料暂存

对以下不归档的文件材料，可根据需要，作为资料暂存。

①上级机关普发供参阅、不办的文件材料。

②上级机关发来供工作参考的抄件。

③上级机关征求意见未定稿的文件。

④重份文件。

⑤无参考利用价值的事务性、临时性文件。

⑥未经会议讨论,未经高校领导审阅、签发的未生效文件、电报草稿,一般性文件的历次修改稿,铅印文件的各次校对稿(高校主要领导人亲笔修改稿和负责人签字的最后定稿除外)。

⑦从正式文件、电报上摘录的供工作参阅的非证明材料。

⑧无特殊保存价值的信封、一般性表态、询问一般性问题、提出一般性建设性意见的群众来信。

⑨高校内部互相抄送的文件材料,不应履行公文的行文、介绍信等。

⑩校内负责人兼任外机关职务形成的与本校无关的文件材料。

⑪为参考目的从各方面收集的文件材料。

⑫非隶属机关抄送的不需要办理的文件材料。

(四)高校党群、行政档案的利用

1. 建立借阅利用制度

规定查、借、还档案的权限、手续等事项,并严格执行;对离校及离退休人员,在办理调离手续前,必须清还档案。

2. 根据工作需要,编制配套的检索工具

高校档案管理部门可将可开放利用的党群、行政档案目录分类汇编成册印发给各部门使用,也可将目录放在高校网页上,以供查阅。

3. 开展党群、行政档案的编研工作

分析党群、行政档案的内容,可以通过围绕高校各项工作的开展确定选题,编辑各种形式的、不同层次和专题的参考资料,如全宗介绍、年鉴、高校大事记、组织机构沿革、数据汇编、专题文摘等,为高校各项工作提供参考咨询。

4. 根据需要公布档案资料

根据社会和高校需要,高校档案管理部门可在适当的时候通过展览和新闻媒体公布档案资料。

5. 提高信息资源利用

根据档案信息化建设的需要和实际利用需求，积极创造条件，应用计算机进行档案检索，提高开发利用党群、行政档案信息资源的能力。

二、高校学生档案

（一）高校学生档案内涵及其特点

1. 高校学生档案的含义

学生档案是学生在学习与实践活动中形成的、具有保存价值的各种人事文件材料，隶属于人事档案范畴。人事档案是在组织人事管理活动中形成，并经组织审查或认可的、反映人员经历和德才表现等原貌，以个人为单位立卷归档保存的档案是国家档案的重要组成部分，具有机密性、真实性和权威性等属性。人事档案作为记录个人学习经历、工作经历、考核奖惩、思想政治状况等内容的文件材料，在就业、职称评定、婚育证明、转正定级、各种政审、办理养老等社会保险，以及开具出国、考研有关证明等方面继续发挥着凭证、依据和参考的作用。

2. 高校学生档案的特点

学生档案除具有一般人事档案的共性外，还具有其自身的特点：

（1）初始性

大多数人事档案都是从学生档案开始起步的，是人事档案的雏形。根据《高等学校档案管理办法》，学生档案从高中开始立卷归档，是人事档案不可或缺的重要组成部分。

（2）单一性

学生档案的内容比较简单，新形成的档案材料数量较少，内容较简单，多是反映学生在校期间的学历、学位、思想政治表现和奖惩等方面的情况。

（3）流动性

学生档案的流动性比较大。由于大学生包括专科、本科、硕士和博士等不同阶段，学制从两年到四五年不等。因此，正常情况下，高校的学生档案几年内就要随着学生的毕业转移到全国各地。

（二）高校学生档案管理工作的原则

虽然高校的学生档案属于人事档案的重要组成部分，但目前还没有对高校的学生档案管理有较为详尽的管理规定，因此，高校的学生档案管理工作是参照《档案法》《高等学校档案管理办法》等来开展的。根据国家各项法律法规和政策的精神和规定，学生档案管理工作必须坚持及时、真实准确、全面、规范的原则。以下是对学生档案管理工作原则的具体说明。

1. 及时

应及时收集大学新生高中档案，建立学生登记表。学生毕业之前应及时建立和收集学生的学历、学位、奖惩情况等档案材料，不得拖延。

2. 真实

档案的内容必须真实准确，不能将虚假不实的材料收集进去。

3. 全面

学生档案所反映的内容必须全面，档案要如实地记录学生的家庭情况以及德、智、体等方面的情况。

4. 规范

学生档案的建立必须完整、准确、系统，实现规范化管理，按照高校档案管理规则和要求，分类整理、立卷归档。

（三）高校学生档案归档范围的确定

学生档案归档材料一般分为新生档案材料、毕业生档案材料、奖惩材料、组织发展材料、学籍变动材料，以及其他供组织人事部门参考的材料。

①新生入学材料。本（专）科生新生档案包括入校前高中的档案材料（学籍表和高中毕业生登记表）、高考报名登记表、体检表和学生登记表等；研究生新生档案包括入学前的人事档案、报名登记表、录取审批表等相关报考材料和研究生登记表等。

②毕业生材料。包括成绩单、高校毕业生登记表、普通高校毕业生就业通知书（存根）、学位授予通知书、论文答辩情况表等。

③奖惩材料。获得院、校级及以上的奖励审批材料；违反校规、校纪，触犯国家法律等行为被处理的各类处分材料。

④组织发展材料。加入中国共产党、共青团（入党、入团志愿书、申请书、转正申请书）的相应申请及组织审批材料。

⑤学籍变动材料。转专业、休学、退学、复学、转学、入伍、出境或死亡等原因引起的学籍变动材料；更改姓名、民族、出生日期、国籍等个人信息的证明材料。

⑥其他供组织人事部门参考的应归档材料。

三、高校教学档案

（一）高校教学档案内涵及其特点

1. 教学档案的含义

在教学工作中直接形成的、具有保存价值的文字、图表、声像等各种载体的材料均属教学档案。教学工作是高校的中心工作，而教学档案则是教学工作的真实记录，是高校教学管理水平和质量的重要体现，也是高校档案的重要组成部分，对推进高校教学工作及其他各项工作的开展具有重要意义。

2. 教学档案的特点

（1）周期性

高校的教学活动有着固定的程序和模式，培养一届学生的整个过程就是个周期。教学周期的时间是由不同层次的教育学制决定的，这就决定了整个教学档案的周期性。周期性的特点使得不同类别的教学档案在归档时间上也有所不同，如综合管理性的文件材料可在次年6月底前归档，学籍表、成绩单等其他教学文件材料应在次年寒假前归档。

（2）连续性

教学档案中包括了学生从入学到毕业的学籍表、成绩、奖惩及就业等不同阶段的各种信息。所以教学档案的收集具有时间的连续性，缺少任何一个阶段的文件材料，都不能真实完整地反映学生在校期间的情况。

（3）广泛性

教学档案内容的广泛性是由高校的学科种类多、教学文件材料来源多决定的。一般来说，高校的学科数量少则十几科，多则几十科，涵盖了广泛的学术领域。教学文件材料则来源于教学活动的各个环节，既包括上级各主管部门相关的规定、条例等，又涉及本单位的教学部门、管理部门、学生工作部门等，还涉及领导教师、学生等参与教学活动的全体人员。

（4）层次性

随着教育体制的改革，高校打破了原有教学层次单一的模式，发展成为多层次教育。每一层次的教学活动产生相应层次的教学档案，教学档案的层次性非常鲜明。

（5）集中管理与分散管理并存

通常情况下，教学档案必须集中统一管理，但对于少数不属于永久保存的教学文件材料，可由各院（系）保存。

（二）高校教学档案归档范围的确定

1. 归档范围的确定原则

①必须对高校和社会有史料和研究具有参考价值和凭证作用。

②必须反映教学管理、教学实践活动的全过程，保证完整、准确、系统。

③必须遵循其自然形成规律，保持有机联系和成套性，符合教学管理和教学实践活动的特点。

2. 归档范围

①教学档案主要来源于高校的教务处、学生处、招生就业中心以及各院（系）、所、中心等部门。这些部门在教学工作，特别是教学实践各个环节中形成的不同载体的文件材料，主要内容包括有关教学的规章制度、学科与实验室建设、招生录取、学籍和成绩、课堂教学与实践、学位管理、毕业生工作、教材等文件材料，详细归档范围可参照《教学类档案归档范围和保管期限表》，同时要结合本校的实际情况来确定。

②对于规模大的高校，对教学文件材料中少数不属于永久保存的类目，如本科生毕业论文、实习报告等，可由各院（系）保存，高校档案管理部门只按一定比例择优接收。

③对以下不归档的文件材料，可根据需要，作为资料暂存：上级有关教学的普发的（非专指高校）、不办的文件；上级有关教学的未定稿的文件；重复文件；无参考利用价值的事务性、临时性文件；非隶属单位抄送的不需要办理也无参考价值的文件；校内其他单位发来的文件；与校外单位交换来的无参考价值的材料。

（三）高校教学档案的利用

教学档案是高校档案的特色内容之一，高校档案管理部门应加强开发利用工作，积极创造条件开展利用服务，充分发挥教学档案的作用。

1. 建立借阅利用制度

档案借阅利用制度规定查、借、还档案的权限、手续等事项，并严格执行；对离校及退休人员，在办理调离手续前，必须清还档案；在为校内外个人或单位提供学生录取、学籍、成绩、毕业等相关证明材料时，应做好查阅人或受委托人身份的确认和核实，注意学生个人信息的保护，不得随意传播和复制。

2. 建立学籍档案数据库

根据工作需要，编制配套的检索工具，建立学籍档案数据库。高校档案管理部门可将开放利用的教学档案目录分类汇编成册，印发给各部门使用，也可将目录放在高校网页上，供查阅。

3. 开展教学档案咨询服务

帮助利用者熟悉和了解与其相关的教学档案的情况，指导其查找和利用，并解答有关问题。根据高校教学工作的需要，开展定期跟踪服务。

4. 开展教学档案编研工作

分析教学档案的内容，根据高校教学工作的需要，编辑各种形式的、不同层次和专题的参考资料，如数据汇编、专题文摘、校友名录等，为高校各项工作提供决策参考。

5. 收集、登记、利用教学档案

收集、登记、利用教学档案的社会效益和经济效益，并将利用实例汇集成册，印发宣传。

四、高校科研档案

（一）高校科研档案内涵及其特点

1. 科研档案的含义

科研档案全称科学技术研究类档案，是指高等学校在科学研究管理和实践活动中直接形成的对学生、高校和社会具有保存价值的文字、图表及声像载体材料等各种文件材料。

科研档案大体上可以分为科研综合管理材料和科研项目（课题）材料两部分，其中，科研综合管理材料包括高校科研工作规划、总结、科研会议材料、基地建设材料、学术交流材料等；科研项目（课题）材料包括项目（课题）申报、批准立项、研究试验、中期检查、结题验收、成果鉴定、申报奖励、推广应用等环节形成的材料，一般分为申报立项材料、研究材料、结题验收材料、成果申报材料、推广应用材料等。

由于科研综合管理材料的管理方法与常规文书档案基本相同，因此，本段内容主要是围绕科研项目（课题）材料的管理展开论述。

2. 科研档案的特点

（1）专业性

科研档案记述了科学技术研究活动的全部过程和具体成果，其形式和内容直接受到科学技术研究活动的性质、类型和专业的影响。不同的科研项目（课题）所形成的记录内容不同，成分不同，形式也有较大区别，它们主要服务于同类专业的科研、生产和建设活动。

（2）成套性

科研档案的形成依赖于科研项目（课题）的发展过程：科研准备阶段—研究实验阶段—总结鉴定阶段—申报奖励阶段—推广应用阶段。在各阶段、各环节形成的文件材料共同组成一套完整的科研项目（课题）档案，形成了一个具有有机联系的整体。

（3）动态性

科研项目（课题）发展过程的动态性和不确定性直接影响了科研档案形成。科研项目（课题）的发展过程并不是一个必然的、确定的过程，有一些科研项目（课题）在通过立项后并未得到开展，在这种情况下，此后的各个阶段的档案材料是否会产生对于档案管理来说是未知的，有相当一部分科研项目（课题）在研究阶段，会由于经费、人力、水平等原因被搁置，甚至中断；也有一些科研项目（课题）进行成果鉴定后，就告一段落了，但也不排除过了若干时间后继续进行推广应用或申报奖励的情况。因此，应用证明或报奖材料归档的可能性也是未知的。

（4）现行性

科研档案同科研实践活动关系密切，具有较强的现行使用性。许多科研档案不仅没有退出现行使用过程，而且将在较长时期内继续发挥其现行作用，成为科研、科技生产和建设活动的依据。同时，科研档案的价值具有较强的时效性，价值周期相对其他档案来说较短，这也决定了其现行利用的必要性。

上述科研档案自身的特点直接决定了科研档案管理的特殊性。首先，管理时要遵循其成套性的特点，以单个科研项目（课题）为管理单位，其内容和成分只能是同一个科研项目（课题）的有关材料。如果一个科研项目（课题）的材料被分散了，就无法正确地反映该科研项目（课题）的全貌。其次，基于科研档案形成的动态性，要注重全程管理，在科研项目（课题）发展的各个阶段进行材料的收集、积累和整理，或者是分阶段进行归档。最后，根据科研档案价值时效性强的特点，要及时开发科研档案信息资源，防止科研档案因提供过晚而丧失部分或全部价值。

（二）高校科研档案管理工作的原则

①科研档案必须实行集中管理，确保其完整、准确、系统、安全和便于开发利用。

②科研档案管理工作是科研活动的重要环节，必须实行"三纳入"，即纳入科研计划、规划；纳入科研管理各项管理制度；纳入领导和有关人员的职责范围之中，与计划管理、课题管理、成果管理等工作紧密结合，并作为考核科研工作质量和管理水平的依据之一。

③实行科研工作和建档工作"四同步"管理，即下达计划任务与提出科研文件材料的归档要求同步；检查计划进度与检查科研文件材料形成情况同步；验收、鉴定科技成果与验收、鉴定科研档案材料同步；上报登记评审奖励科技成果以及科技人员考核提职与档案管理部门出具科研项目（课题）归档情况的证明材料同步。

④高校有关单位应明确一名负责人分管科研档案管理工作，并确定专（兼）

职档案管理工作人员,负责本单位科研文件材料的收集、整理、立卷和定期向档案管理部门移交等工作。

⑤把科研档案管理工作列入高校科研工作的发展计划中,在经费、库房、设备和人员配备等工作条件上给予保证,努力实现科研档案管理工作的科学化管理,大力开发档案信息资源,为高校科研工作和社会发展服务。

(三)高校科研档案归档范围的确定

1. 归档范围的确定原则

①归档的科研文件材料必须对高校和社会当前与长远具有凭证作用和参考价值。

②归档的科研文件材料必须反映科研管理、科研项目(课题)活动的全过程,保证完整、准确、系统。

③归档的科研文件材料必须遵循其自然形成规律,保持其有机联系,照顾不同学科、专业的特点并具有成套性。

④由本校与其他单位分工协作完成的研究项目(课题),由主持单位归档保存一整套档案,协作单位保存自己所承担任务中形成的科研文件材料的正本,并将有关的复制件送交主持单位。如确系涉及协作单位的合法权益,应在协议、合同或委托书中明确其科研文件材料的归属,但协作单位应将所承担项目(课题)部分的有关档号和案卷目录提供主持单位。由校内几个单位协作完成的研究项目(课题),各有关单位要相互配合,整理好本单位承担的必须归档的科技文件材料,由主持单位立卷归档。

⑤本校与国外合作的研究项目(课题),应该通过协商,在协议、合同中明确科研文件材料的归档办法。此类项目一般应归入外事类档案中。

2. 归档的主要内容和重点

①科研档案归档的主要内容包括综合管理、科研准备、研究实验、总结鉴定、申报奖励、推广应用等方面。

②科研档案归档的重点是本校承担的科研项目(课题)各个阶段形成的不同载体、形式的文件材料,特别是研究实验阶段形成的作为研究结果依据的原始材料。

③未取得成果或因故中断的重要项目（课题）的科研文件材料也应归档。

3. 不需归档的科研文件材料

①上级有关科研工作的普发性（非专指本校）不需要办理的文件材料。

②上级有关科研工作的未定稿的文件材料。

③未生效的合同、协议书。

④未按科研管理程序列入计划、未经鉴定和不计工作量的个人项目（课题）材料。

⑤重复的文件材料。

⑥无参考利用价值的事务性、临时性文件材料。

⑦非隶属单位抄送的不需要办理也无参考价值的文件材料。

⑧校内其他单位发来的文件材料。

⑨与校外单位交换来的文件材料。

⑩未定稿的文件材料。

以上不归档的文件材料，应销毁的要及时销毁，如某些文件材料有需要做资料保存的，应填写目录，组卷单独保管，不能随便堆放，以防泄密。

（四）高校科研档案的利用

1. 做好科研档案借阅、咨询服务

做好科研档案借阅、咨询服务，充分发挥科研档案的凭证和参考作用，为保护科研成果所有权及正确处理科研工作中的各种权益问题提供凭证，为科研活动提供参考。

2. 开展科研档案信息编研工作

积极开展科研档案信息编研工作，定期编辑科技成果简报、论文汇集、专业数据汇编等参考资料，在校内各部门、各单位之间进行交流、报道或宣传，供全校科研工作者参考。

3. 加工整理科研档案信息资源

对科研档案信息资源进行加工、整理、有序化重组，建立专题数据库，如科研成果数据库，使科研档案得到有效的增值，发挥更大的作用。

4. 妥善处理开发利用和知识产权的关系

在开发利用科研档案信息资源时，注意妥善处理好开发利用与知识产权的关系。既要注重对档案信息查阅、复制、转摘的合法权利的保护，同时也要加强对非法利用行为的控制，维护知识产权人的合法权益，避免引发不必要的知识产权纠纷和损失。

5. 妥善处理开发利用和保密的关系

在开发和利用科研档案的过程中，要妥善处理好开发利用与保密的关系，要严格遵守国家有关科技保密的规定。在正确划分科研档案密级的前提下，合理确定使用范围，保证科技机密及档案的安全，维护本校和科研人员的权益。

五、高校基建（基本建设）档案

（一）高校基建档案内涵及其特点

1. 基建档案的含义

基建档案全称基本建设类档案，是指高校在基本建设管理和基本建设工程项目活动过程中直接形成的、具有保存价值的文字、图表及声像载体材料等各种文件材料。

基建档案大体上可以分为基建综合管理材料和基建工程项目材料两部分。其中，基建综合管理材料包括高校基建工作规章制度、计划、总结、统计报表、总体规划等；基建工程项目材料包括基建工程项目从申请立项、设计、勘察、施工、竣工验收到投入使用整个过程中所形成的、有保存价值的全部文件材料。基建档案按内容一般可分为依据性文件、基础性文件、工程设计文件、工程管理文件、施工文件、竣工验收文件、基建财务文件、监理文件等。

由于基建综合管理材料的管理方法与一般的文书档案基本相同，因此，下文主要是围绕基建工程项目材料的管理展开论述。

2. 基建档案的特点

（1）广泛性

一个基建工程项目的实施不仅需要高校作为建设单位的参与，还需要很多不同单位的参与。例如，负责审批的政府主管部门、负责论证设计的设计单位负责地质勘察的勘察单位、负责质量评定的质检部门以及施工单位、监理单位材料及设备供货单位等，这些单位在参与基建工程项目实施的过程中，在各自的职责范围内所形成的各种文件材料都是该基建工程项目档案的组成部分，因此，基建档案在来源上具有广泛性。

（2）专业性

基建档案的形成领域和内容性质都具有鲜明的专业性特点，涉及地质、气象、环保、建筑、结构、给排水、供配电、采暖、空调、电信、自动控制、消防等多种专业领域，这些专业领域的有机融合体现了基建档案内容的专业性。

（3）成套性

基建档案的形成依赖于工程建设发展过程，其中包括工程建设准备阶段、工程建设设计阶段、工程施工阶段、竣工验收阶段，还有贯穿其中的工程监理及其他活动。在这些阶段中，需要积累每一个阶段、环节的文字、图纸或声像记录，待基建工程完成后一并成套归档。与科研档案形成过程不同的是，基建工程项目的各个发展阶段都是确定的，而且不管延续的时间长短，它终究会到达竣工验收这个阶段，因此，基建档案的形成是确定的，而且可以以竣工验收为归档点来进行归档。

上述基建档案自身的特点直接决定了基建档案管理的特殊性，其中最重要的是遵循其成套性的特点，以单个基建工程项目为管理单位，其内容和成分只能是同一个工程项目的有关材料，这样才能正确地反映该工程项目建设的全貌。另外，还要遵循其专业性的特点，保持文件之间的联系，按专业分别组成专卷。最后，要根据其来源广泛性的特点，要求各相关单位负责各自职责范围内收集、积累的文件材料的立卷归档，才能保证一个基建工程项目档案的完整、齐全。

（二）高校基建档案管理工作的原则

①基建档案必须实行集中管理，确保其完整、准确、系统、安全和有效利用。

②基建档案管理工作是基建活动的重要环节，必须实行"三纳入"，即纳入工程建设计划、规划；纳入工程建设管理各项管理制度；纳入有关部门及人员的职责范围、工作标准或岗位责任制，并有相应的检查、控制及考核措施。

③实行基建工作和建档工作"四同步"管理，即项目建设一开始就与建立档案管理工作同步进行；检查项目工程情况与检查项目档案管理工作情况同步进行；项目的建设过程要与竣工材料的积累、整编、审定工作同步进行；项目竣工

验收要与提交一整套合格的竣工图的验收同步进行。

④基建管理部门应明确一名负责人分管基建档案管理工作，并确定专（兼）职档案管理人员，负责基建文件材料的收集、整理、立卷和定期向档案管理部门移交等工作。

⑤把基建档案管理工作列入高校基建工作的发展计划中，在经费、库房、设备和人员配备等工作条件上给予保证，努力实现基建档案管理工作的科学化管理，大力开发档案信息资源，为高校工作和社会发展服务。

（三）高校基建档案归档范围的确定

1. 归档范围的确定原则

①归档的基建文件材料必须对高校和社会当前与长远具有凭证作用和参考价值。

②归档的基建文件材料必须反映基建管理和项目建设的全过程，保证完整、准确、系统。

③归档的基建文件材料必须遵循其自然形成规律，保持其有机联系与建筑物完全一致并具有成套性。

2. 归档的主要内容和重点

（1）归档的主要内容

归档的主要内容包括综合管理、可行性研究、设计基础材料、设计文件、工程管理文件、施工文件、竣工文件、监理文件、生产技术准备、试生产，以及基建概算、预算、决算和器材管理等。

（2）归档的重点

基建档案归档的重点是工程项目建设各个阶段形成的不同载体、形式的文件材料，特别是包括竣工图在内的全套图纸。

3. 不需归档的基建文件材料

①上级机关有关基建工作的普发性（非专指本校）、不需要办理的文件材料。

②正式施工前的草图、未定型图纸。

③重复文件和重复图纸。

④无查考价值的临时性、事务性文件材料。

⑤校内其他单位发来的文件材料。

⑥与校外单位交换来的文件材料。

⑦未定稿的文件材料。

以上不归档的文件材料，应销毁的要及时销毁，如某些文件材料有需要作资料保存的，应填写目录，组卷单独保管，不能随便堆放，以防泄密。

六、高校设备（仪器设备）档案

（一）高校设备档案内涵及其特点

1. 设备档案的含义

设备档案全称仪器设备类档案，是指作为高校固定资产的仪器、设备，在其购置、验收、调试、运行、管理、维修、改造、报废等全部活动过程中直接形成的且具有保存利用价值的文字、图表、声像载体材料及随机材料等文件材料。

由上述含义可以看出，"仪器设备"是指高校购置的用于辅助教学、科研工作的仪器设备，而非本校自行设计开发的。从设备档案管理的角度来看，本校设计开发的仪器设备在应用于教学、科研过程中形成的文件材料属于设备档案，而该仪器设备的设计开发、技术应用、技术改进等方面的材料则属于科研档案管理范畴。

设备档案大体可分为设备综合管理材料和设备项目材料两部分，其中综合管理材料包括高校设备管理工作规章制度、计划、总结、综合统计等；设备项目材料包括仪器设备从购置到报废整个过程中形成的、有保存价值的全部文件材料，包括申购报告、定购合同、开箱记录、验收报告、随机文件等。设备综合管理材料的管理方法与一般文书档案相同，因此，本部分内容主要是围绕设备项目材料的管理展开论述。

2. 设备档案的特点

（1）成套性

设备档案的形成依赖于一个发展过程：计划购置阶段—购置阶段—开箱验收阶段—使用阶段—报废阶段。在这个过程中的每一阶段都会形成相应材料，如申购报告、论证报告、招标材料、订货合同、验收报告、随机文件、使用记录、维修记录、报废申请等，由此共同组成一整套完整的设备档案。

（2）依附性

设备档案是正确安装、使用及维护保养仪器设备的原始资料，与仪器设备之间有很强的依附性和专用性。仪器设备离开了档案将难以安装、使用和维修，设备档案因仪器设备的使用而存在并产生使用价值，它们之间是共存关系。

（3）现行性

设备档案的价值体现在其对仪器设备使用和管理工作的实际辅助服务功能上，以此来决定哪些材料成为归档文件，而很少考虑仪器设备本身的技术更新和改造。因此，设备档案的现行功能相对突出，而长远的参考、凭证利用价值相对较弱。在实际管理中，设备档案中的随机文件等一般是存放在设备使用部门供现行使用，而且其保管期限也是划定为"与设备共存"，而随着仪器设备的老化、淘汰，它的价值逐渐减弱甚至消失，设备档案的价值也相应地会减弱甚至消失。因此，设备档案的管理和档案信息资源的开发利用相对于其他门类档案来说，在宽泛性和长效性上有一定的差距。

设备档案自身的特点直接决定了设备档案管理的特殊性，其中最重要的是要遵循其成套性的特点，以单台、单件或单项仪器设备为管理单位，不同仪器设备的材料不能混杂。其次是要注重设备档案的现行利用，正确处理好"管"与"用"的矛盾，如经常使用的设备说明书、随机技术文件等可由设备使用部门保管，使其发挥最大效益。

（二）高校设备档案管理工作的原则

①设备档案的管理必须坚持集中统一管理的原则，确保设备档案完整、准确、系统、安全和便于开发利用。

②设备档案管理工作必须纳入高校设备管理工作之中，与设备计划管理、设备采购供应和设备使用等工作紧密结合。保证设备档案的完整、准确、系统是高校设备管理部门的职责之一。

③设备管理部门应明确一名负责人分管设备档案管理工作，并确定专（兼）职档案人员，负责设备义件材料的收集、整理、立卷和定期向档案管理部门移交等工作。

③把设备档案管理工作列入高校设备管理工作的发展计划中，在经费、库房、

设备、人员配备等工作条件上给予保证，努力实现设备档案管理工作的科学化管理，大力开发档案信息资源，为高校的教学、科研工作服务。

（三）高校设备档案归档范围的确定

1. 归档范围的确定原则

①归档的设备文件材料必须对高校和社会当前和长远具有凭证作用和参考价值。

②归档的设备文件材料能够反映设备管理和仪器设备项目从申购到报废的全过程，保证完整、准确、系统。

③归档的设备文件材料必须遵循其自然形成规律，保持其有机联系必须与仪器设备相一致并有成套性。

④作为高校固定资产的各种国产和国外引进的精密、贵重、稀缺的仪器设备，价值在10万元以上的，均须归档；价值在10万元及以下的，如有需要可由设备使用部门建档，并上报设备管理部门备案。

2. 设备档案归档的主要内容和重点

（1）归档的主要内容

设备档案包括综合管理、仪器设备项目依据性材料、开箱验收、安装调试、运行维修、随机图样等方面。

（2）归档的重点

设备档案归档的重点是仪器设备项目（特别是单价在规定金额以上的）各个环节形成的不同载体、形式的文件材料，包括全套随机图样。

（3）自制设备文件材料

本校自制、作为高校固定资产符合建档条件的仪器设备，除研制文件材料作为科研成果归入科研档案外，其余均按设备档案要求处理。

3. 不需归档的设备文件材料

①上级有关仪器设备工作的普发性（非专指本校）、不需要办理的文件材料。

②未生效的合同协议书。

③仪器设备广告、宣传材料，订货会、展销会宣传品。

④重复的文件材料。

⑤无参考利用价值的事务性、临时性文件材料。

⑥校内其他单位发来的文件材料。

⑦与校外单位交换来的文件材料。

⑧未定稿的管理性文件材料。

以上不归档的文件材料，应销毁的要及时销毁，如某些文件材料有需要做资料保存的，应填写目录，组卷单独保管，不能随便堆放，以防泄密。

七、高校产品（产品生产）档案

（一）高校产品档案内涵及其特点

1. 产品档案的含义

产品档案，全称产品生产与科技开发类档案，是指高校在设计、试制、生产、经营和销售具有自主知识产权的产品的过程中直接形成的、有保存价值的文字、图表、声像载体材料等各种文件材料。

产品档案大体可分为产品综合管理材料和产品项目材料两部分，其中，产品综合管理材料包括高校产品工作规章制度、计划、总结、统计报表等；产品项目材料包括产品从立项、设计、研制、试制鉴定到生产销售整个过程中所形成的、有保存价值的全部文件材料，包括任务书、方案论证报告、设计定型图纸、试验记录、鉴定证书、工艺定型图纸、技术说明书、销售合同等。

产品综合管理材料的管理方法与一般的文书档案基本相同，因此，本章内容主要是围绕产品项目材料的管理展开论述。

2. 产品档案的特点

（1）成套性

产品档案的形成依赖于一个发展过程：产品计划准备阶段—产品生产设计（研制）阶段—产品生产试制与鉴定阶段—产品生产阶段—产品销售阶段，在各个阶段、环节形成的文件材料是一个有机联系的不可分割的整体，记载和反映该产品生产与科技开发活动的全过程及最后的成果。

（2）现行性

产品研制出来后，通常会进入批量生产阶段，这时产品档案就成为现实生产活动开展的依据，发挥现行科技文件的功能与作用，推动生产活动的开展。产品档案的现行价值主要体现在产品再生产完全复制使用该套技术档案，具体包括：产品投产时将底图晒蓝样后下发车间进行加工；在产品调试过程中以技术文件和设计文件作为产品生产、技术改进、分析问题的依据；产品生产与检验时相关的文件是生产验证的依据。

（3）继承性

产品设计是一项非常复杂的综合性的技术工作，同时也是一项继承性和创造性很强的工作。设计人员需要根据具体设计项目的要求在原有的基础上进行提高和创新。因此，设计人员往往会以现有的产品档案为基础，改革创新，实现产品的升级换代或者开发研制新产品，相应地会形成新的产品档案，这种继承性引用的意义甚至比直接复制使用的价值还要大。值得注意的是，产品的局部改进是一种连续性科技活动，所形成的新的文件材料是相应一套产品档案的补充，而该产品的新型化则会形成一套新的产品档案。

产品档案自身的特点直接决定了产品档案管理的特殊性，其中最重要的是要遵循其成套性的特点，以单个产品项目为管理单位，不同产品项目的材料不能互相混杂；其次是基于产品档案的现行性和继承性，要注重产品档案的现行利用，正确处理好"管"与"用"的矛盾，使其发挥最大效益。

（二）高校产品档案管理工作的原则

①产品档案必须实行集中统一管理，保证档案的完整、准确、系统安全和便于开发利用。

②产品档案管理工作是办好校办产业的重要基础工作之一，也是衡量校办产业管理水平的重要标准之一，必须与生产单位的计划管理、质量管理和岗位责任制工作紧密配合，在布置、检查、验收、总结产品工作的同时，布置、检查、验收、总结产品档案管理工作。

③产业管理部门应明确一名负责人分管产品档案管理工作，并确定专（兼）职档案管理人员，负责产品生产与科技开发文件材料的收集、整理、立卷和定期向档案管理部门移交等工作。

④把产品档案管理工作列入高校产业工作发展计划，在经费、库房、设备和

人员配备等工作条件上给予保证，努力实现产品档案管理工作的科学化管理，大力开发档案信息资源，为高校中心工作服务。

（三）高校产品档案归档范围的确定

1. 归档范围的确定原则

①归档的产品生产与科技开发文件材料必须对高校和社会当前与长远具有凭证作用和参考价值。

②归档的产品生产与科技开发文件材料必须反映产品生产管理、经营销售管理和产品生产各个环节的全过程，保证文件材料完整、准确、系统。

③归档的产品生产与科技开发文件材料必须遵循其自然形成规律，保持其有机联系，必须与实物一致并且有成套性。

④高校在产学研过程中形成的文件材料、样品或样品照片、录像等均须归档。

2. 归档的主要内容和重点

（1）产品档案归档的主要内容

产品档案归档的主要内容包括综合管理、经营、销售项目的计划准备、设计、试制与鉴定、规模生产等。

（2）产品档案归档的重点

产品档案归档的重点是各经济实体的申办报告、审批材料、业务往来合同经济财务和产品设计、试制、生产、营销各个阶段形成的不同载体、形式的文件材料，特别是全套设计、工艺图纸、关键性的材料。

3. 不需归档的文件材料

①未定稿的材料和未定型的草图、蓝图、工时定额。

②重复文件、图纸。

③无查考价值和临时性、事务性文件。

④未定稿的计划、制度。

⑤未生效的合同、协议书。

以上不归档的文件材料，应销毁的要及时销毁，如某些文件材料有需要作资料保存的，应填写目录，组卷单独保管，不能随便堆放，以防泄密。

八、高校出版物档案

高校出版物档案主要包括高校自行编辑出版的学报、其他学术刊物及本校出版社出版物的审稿单、原稿、样书及出版发行记录等，是高校档案的重要组成部分。

（一）高校出版物档案内涵及其特点

1. 高校出版物档案的含义

高校出版物档案（或称出版类档案）是指高校在编辑出版图书、刊物、报纸、音像品等活动中直接形成的具有保存价值的文字、图画及声像等各类材料。其内容丰富，形式多样，涉及的知识面较广，是研究高校学术水平和出版状况的第一手资料和可靠凭证。

高校出版物档案大体可分为出版综合管理材料和出版物项目材料两部分，由于出版综合管理材料的管理方法与一般的文书档案基本相同，本部分内容主要是围绕出版物项目材料的管理展开论述。

2. 出版物档案的特点

出版物档案除具有档案都具备的原始记录性、凭证性、参考性等一般共性外还具备以下自身的特点：

（1）成套性

从出版物档案形成过程来看，图书的出版是紧密围绕出版内容进行策划、选题、约稿（或投稿）、签订出版合同、编辑、付印等环环相扣的流程。出版物档案就是在这一系列出版活动中逐渐形成的以具体出版物为核心的原稿、审稿意见、清样、样本等一系列出版材料。

（2）连贯性

报纸有日报、晚报、周报等；期刊有周刊、月刊、季刊等；书籍有单行本丛书、名人选集与全集等。这些都是按时间、期次或集次顺序出版的，具有连贯性。

（3）规范性

无论是出版物的原稿、审稿、印刷稿的字体、清样、样本等的格式、型号、装帧、版面等都严格地按照统一的规范和标准办理。这一特点给出版物档案的整理、保管工作带来了便利。

（4）动态性

由于出版物重印、修订等各方面的变动，已经形成的某些成套的档案中往往还需要补充相关文件，因此高校档案管理工作人员应当适时将新形成的、与出版物有关的编辑出版和再创作活动的相关文件材料及时收集、补充到原有档案体系中。

（5）多样性

出版物档案除文字材料之外，还有图书封面的设计稿、题词题字手迹清样纸型、样书等，材料多样，规格也大小不一，这使得具体管理过程相对复杂。

（6）个体性

大多数书籍、报刊发表文章为个人所著、所写。这些出版材料的产生具有鲜明的个体性。

（7）非机密性

凡是公开出版发行的书籍、报纸、期刊都是给广大读者阅读、欣赏的，而且阅读、欣赏的人越多越表明它的作品效果越佳，越有价值。

（二）高校出版物档案管理工作的原则

出版物档案管理工作是高校出版管理工作的重要组成部分，必须遵循以下基本原则，以保证工作的顺利开展。

①出版物档案反映了本校教学、科研和高校管理的水平及活动情况，它是国家科学文化和高校教学、科研改革与发展的历史记录，是高校档案的重要组成部分。出版物档案必须实行集中统一管理，确保其完整、准确、系统安全和有效利用。

②出版物档案管理工作是出版活动的重要环节，必须实行"三纳入"，即纳入出版编辑单位的管理制度；纳入出版工作计划和规划；纳入出版、编辑人员的职责范围，并有相应的检查、控制及考核措施。

③实行出版工作和建档工作"四同步"管理，即出版编辑部门在布置、检查、总结、验收工作时，要同时布置、检查、总结、验收出版物档案管理工作。

④高校出版社、学报及校报编辑部和出有刊物的各院、系、所、中心，应明确一名负责人分管出版物档案管理工作，并确定专（兼）职档案管理人员，负责

出版物文件材料的收集、整理、立卷和定期向高校档案管理部门移交等工作。

⑤把出版物档案管理工作列入高校出版工作的发展计划中，在经费、库房设备和人员配备等工作条件上给予保证，努力实现出版物档案管理工作的科学化管理，大力开发档案信息资源，为高校出版工作和社会发展服务。

（三）高校出版物档案归档范围的确定

为了保证出版物档案的完整、齐全，高校必须建立、健全出版物档案归档制度划定出版物档案的归档范围，依据出版文件材料本身的保存价值，区分哪些文件材料应该归档，哪些文件材料不需要归档。

1. 归档范围的确定原则

①归档的出版管理和出版物形成过程中形成的文件材料必须对高校和社会当前与长远具有参考价值和凭证作用。

②归档的出版文件材料必须反映编辑出版管理职能和出版活动的全过程，保证完整、准确、系统。

③归档的出版文件材料必须遵循其自然形成规律，保持有机联系，特别注意出版材料的成套性特点。

2. 归档的主要内容和重点

（1）出版物档案归档的主要内容

出版物档案归档的主要内容包括综合管理，出版物的编审、出版等方面的内容。

（2）出版物档案归档的重点

出版物档案归档的重点是出版活动各个阶段形成的不同载体、形式的文件材料，尤其是出版物本身。

3. 不应归档的出版文件材料

①上级机关有关出版的普发（非专指高校）、不需办的文件。

②未生效的合同、协议书。

③不退、不用的稿件，非定稿的稿件。

④重复文件。

⑤无查考价值的事务性、临时性函件。

⑥校外单位交换来的材料。

以上不归档的文件材料,应销毁的要及时销毁,如某些文件材料有需要作资料保存的,应填写目录,组卷单独保管,不能随便堆放,以防泄密。

九、高校外事档案

(一)高校外事档案内涵及其特点

1. 高校外事档案的含义

高校外事档案是高校与境外高校、科技机构、外国团体及个人在教育学术交流、科技合作、友好往来等各项涉外活动中直接形成的具有利用保存价值的文字、图表及声像载体材料。

2. 高校外事档案的特点

(1)专门性

外事档案产生于外事和涉外部门,记载的全是外事活动,具有专门性。

(2)成套性

外事档案反映着外事活动中的某一特定范围内活动的全过程,这一过程会形成整套材料,形成了其成套性的特点。

(3)多样性

外事档案有多种国家的语言文字材料,有电报、图文传真、书信、音像等多种形式的载体,具有多样化的特点。

(二)高校外事档案管理工作的原则

①外事档案必须实行集中统一管理,确保完整、系统、准确和安全,便于开发利用。

②高校外事管理职能部门应将外事档案管理工作纳入外事工作计划、管理制度之中,并负责落实外事人员的职责范围,监督、检查执行情况,做到与布置、检查、总结外事工作同步进行。

外事部门要有一位领导分管外事档案管理工作,并确定兼职档案管理人员,负责做好外事档案的收集、整理、立卷、归档工作。努力实现外事档案的科学化管理,大力开发信息资源,为高校教学、科研、人才交流服务。

（三）高校外事档案归档范围的确定

1. 归档范围的确定原则

①归档的外事管理和外事活动中形成的文件材料必须对高校和社会当前和长远具有参考价值和凭证作用。

②归档的外事文件材料必须反映高校外事管理，反映高校与境外高校科技、学术交流及友好往来等涉外活动的全过程，保证其完整、准确、系统。

③归档的外事文件材料必须遵循其自然形成规律，保持其有机联系，体现涉外工作的职能和特点。

2. 归档的主要内容、重点和方式

（1）归档的主要内容

归档的主要内容包括涉外工作综合管理、出境和境外来校任教、讲学、进修、访问、考察、参加国际学术会议、校际合作、留学生工作等方面。

（2）归档的重点

归档的重点应是重大涉外和校际合作、科技合作、留学生工作和资助高校办学与建设等方面的各种载体文件材料。

（3）归档的方式

高校人员在境外获得的证书、奖状、奖章、奖品等，归档方式可存原件或复印件、影印件等不同方式。境外团体或个人赠送给高校的纪念品，礼品及捐资建设的有关文件材料等有保存价值的应归档，不宜长久保存的可存影印件和清单。

十、高校财会档案

（一）高校财会档案内涵及其特点

1. 高校财会档案的含义

高校财会档案，亦称会计档案，是指高校在财务管理和会计活动中直接形成的、作为历史记录、具有保存利用价值的会计核算材料。财会档案是高校全部档案的重要组成部分，是记录和反映高校经济业务的重要史料和证据。财会档案主要包括会计凭证、会计账簿和会计报表。

2. 高校财会档案的特点

（1）普遍性

凡是具备独立会计核算的高校和二级学院、直属单位和部门都会产生财会档案，具有普遍性。

（2）专业性

财会档案所反映的是高校在管理、教学、科研等活动中资金往来的情况，具有较强的专业性。

（3）严密性

财会工作有严密的法规和规章制度作保障。财会档案是会计核算的产物，先有会计凭证，再填写会计账簿，最后编制会计报表，其产生程序和主要成分都非常严密。

（二）高校财会档案管理工作的原则

①财会档案必须实行集中统一管理，以确保其完整、准确、系统和安全，便于开发利用。

②财会档案管理工作应纳入财会部门管理制度，纳入财会工作计划，纳入财会部门人员的岗位责任制。在布置、检查、总结、验收财会部门管理工作的同时，要同时布置、检查、总结、验收财会档案管理工作。

③高校财会档案管理工作应逐步采用先进的管理技术手段，将所编制的财会档案数据存入计算机中。大力开发档案信息资料服务，为高校提供会计监督分析、决策和制定教育发展计划服务。

④要把财会档案管理工作列入高校发展规划，并在经费、库房、设备和人员分配等工作条件上给予保证。

（三）高校财会档案归档范围的确定

1. 归档范围的确定原则

①归档的财务工作管理和会计活动中形成的文件材料，必须对高校或社会当前和长远具有参考价值和凭证作用。

②归档的财会文件材料，必须反映财务管理、会计活动的全过程，保证完整、准确、系统。

③归档的财会文件材料,必须遵循其自然形成规律,保持其有机联系充分考虑财会档案的类型特点。

2. 归档的主要内容和重点

(1) 归档的主要内容

归档的主要内容包括综合管理、会计凭证、会计账簿、会计报表、工资清册等方面。

(2) 归档的重点

归档的重点是会计活动中各个阶段形成的、不同类型的、具有长期保存价值的文件材料和会计电算化档案。

3. 不归档的文件材料

①上级有关财务的普发性(非专指高校)、不办的文件。
②未定稿的文件。
③重复文件及校内其他单位发来的文件。
④未生效的合同、协议、单据。
⑤无参考利用价值的一般性、临时性文件。
⑥与校外单位交换来的材料(可做资料保存)。

第二节 高校文件材料的归档制度

高校各部门档案管理工作人员和文书人员在教学、科研及管理工作中形成并办理完毕后具有保存价值的文件材料,经过系统整理立卷,定期移交给高校档案馆(室)集中统一保存,称为"归档"。中华人民共和国成立以来,党和政府对文件材料归档工作作出了各项规定,并且以法律的形式固定下来,统称为"归档制度"。《高等学校档案管理办法》规定,"高等学校中个人对其从事教学、科研管理等职务活动所形成的各种载体形式的档案材料,应当按照规定及时归档,任何个人不得据为己有。"

这就充分说明高等学校必须建立和健全归档制度。只有建立与健全归档制度,做好文件材料的归档工作,才能确保高校档案馆(室)档案来源的连续性,为各项工作的开展提供帮助,并为国家积累档案财富。

由《高等学校档案管理办法》可以看出，高校文件材料的归档制度主要包括归档范围、归档时间、归档要求和归档办法四个方面的内容。

一、归档范围

归档范围是指规定哪些文件需要向档案馆（室）归档保存文件材料的种类和成分，并具体规定高校各部门办理完毕的文件材料应当归档和不应当归档的范围。高校文件材料的收集是否齐全，与学校归档范围的制定有着密切的关系。哪些文件应该归档，哪些文件不应该归档，高校档案馆（室）应当对此有明确的界定。一般地说，凡是直接记述和反映学校主要职能活动并具有查考利用价值的文件材料，都应当纳入归档范围。但是对于国家规定不得归档的文件材料，则禁止擅自归档。

（一）属于高校归档范围的文件材料

1. 上级机关的文件材料

这部分材料主要包括上级党政机关召开的需要贯彻执行的会议的主要文件材料；上级党政机关颁发的属于本校（院）主管业务并需要贯彻执行的文件，以及普发的非学校主管业务但需要贯彻执行的法规性文件；党和国家领导人、人民代表、上级党政机关领导等视察、检查本校（院）工作时作出的重要指示、讲话、题词、照片和有特殊保存价值的录音、录像（以下简称声像材料）等材料；代上级党政机关草拟并被采用的文件的最后定稿和印本；上级党政机关批转或转发本校（院）的文件等。

2. 本校（院）的文件材料

这部分材料主要包括本校（院）党委和行政召开的代表大会和代表会议、工作会议、专业会议、党政联席会议的文件材料以及各种声像材料；学校党委和行政颁发的各种正式文件的签发稿、印制稿、重要文件的修改稿；本校（院）党委或行政的请示与上级党政机关的批复文件，校属各单位的请示与本校（院）的批复文件；学校党委和行政及其内部职能机构形成的工作计划、总结、报告、统计报表、统计分析资料、财务与会计文件、审计文件以及反映学校业务活动和科学技术管理的专业文件材料；学校检查校属各单位工作、调查研究形成的重要文件材料；本校（院）党政领导人公务活动形成的重要信件、电报、电话记录，从外单位带回的与学校工作有关的文件材料；本校（院）的各种规章制度，以及反映学校成立、合并撤销、更改名称、启用印信及其组织简则、人员编制等文件材料；本校（院）的历史沿革、大事记、年鉴，反映本校（院）重要活动的剪报、声像材料、荣誉证书，有纪念意义和凭证性的实物和展览照片、录音、录像等材料；学校房产、财产、物资、档案、债权、捐赠、签署的各类合同、协议等方面的凭证，发放各种证明、证件存根及相关的文件及账册等材料；本校（院）党委或行政（包括上报和下批）干部任免、呈批表、调配培训、专业技术职务评定与聘任、党政干部名册、干部的录用、转正、定级、调资、离退休、抚恤等审批表及干部奖惩等文件材料；重要的人民来信、来访及处理材料和按规定应归档的死亡人员档案材料，以及其他有必要归档的材料。

3. 同级机关和非隶属上下级单位的文件材料

这部分材料主要包括同级机关和非隶属上下级单位颁发的非本校（院）主管业务，但需执行的法规性文件或者与本校（院）联系、协商工作的重要来往文件，有关业务单位对学校工作检查形成的重要文件。

4. 下级单位的文件材料

这部分材料包括下级单位报送的重要的工作计划、报告总结、典型材料、统计报表、财务预（决）算、科技文件材料、法规性备案的文件材料。

以上仅仅概括了一个高校应当归档文件材料的范围。

（二）不属于高校归档范围的文件材料

1. 上级机关的文件材料

这部分材料主要包括上级党政机关任免、奖惩非本校（院）工作人员的文件；上级党政机关普发性的不需要办理的文件；仅供工作参考的抄件以及征求意见的未定稿。

2. 本校（院）的文件材料

这部分材料主要包括重复文件；无参考利用价值的事务性、临时性文件；未经会议讨论，未经领导审阅、签发的未生效文件、电报草稿；一般性文件的历次修改稿、铅印文件的各次校对稿；无特殊保存价值的信封；一般性表态、询问一般性问题、提出一般性建议或意见的人民来信；学校内部互相抄送的文件材料；不应履行公文的行文、介绍信等；为参考目的从各方面收集的文件材料。

3. 同级机关和非隶属单位的文件材料

这部分材料主要包括参加非主管单位召开的会议,不需要贯彻执行无查考价值的文件材料;非隶属单位抄送的不需要办理的文件。

4. 下级单位的文件材料

这部分材料包括下级送来参阅的简报、情况反映、不应抄报或不必备案的文件材料;越级抄报或抄报备案不需要办理的文件材料。

二、归档时间

归档时间是指文秘部门或业务部门,将需要归档的文件材料整理立卷后向高校档案馆(室)移交的时间。由于高校文件材料形成与办理的特殊性以及类别的多样性,因而高校文件材料的归档时间不能搞一刀切。根据《高等学校档案管理办法》中的有关规定,并结合高校文件材料归档工作的实际情况,高校各类文件材料归档时间如下:

①党群类、行政类、出版类、外事类的文件材料,应在自然年度的次年六月底前归档。

②教学类综合属类的文件材料,应在自然年度的次年六月底前归档,其他属类的文件材料,应在教学年度完成后的当年十月底前归档。

③科研类综合属类的文件材料在次年六月底前归档,科研课题材料在鉴定、验收或结题后两个月内归档,暂不申报或中断、停止的研究课题的材料在课题结束或中断、停止后的两个月内归档。

④产品生产类综合属类的文件材料在次年六月底前归档。新产品定型鉴定(或验收)材料,在鉴定或验收后两个月内归档。在生产销售过程中产生的科技文件材料,由各有关部门按自然年度立卷并在次年六月底前归档。因故中断产品的文件材料,应在中断后两个月内归档。

⑤基本建设类综合属类的文件材料在次年六月底前归档。基建项目材料在验收后两个月内或审计结束后财务报账前及时归档。学校基建部门应从基建总投资中扣留下一定比例的基建档案保证金,待基建档案材料归档验收合格后返还。

⑥仪器设备类综合属类的文件材料,在次年六月底前归档,其他材料在开箱验收后的两个月内归档。

⑦财会类综合属类的文件材料,在次年六月底前归档,当年形成的会计档案,暂由财务部门保管一年,经审计后于当年六月底前归档。

⑧学生类学生管理、学生组织(学代会、研究生会)的文件材料,应在次学年六月底前归档;其他材料应在学生毕业离校后,也就是每年的七月中旬归档。属于学生个人档案的文件材料,应随着产生随时归入档案袋。

三、归档要求

《高等学校档案管理办法》规定,高等学校实行档案材料形成单位、课题组立卷的归档制度。学校各部门负责档案管理工作的人员应当按照归档要求,组织本部门的教学、科研和管理等人员及时整理档案和立卷。立卷人员应按照纸质文件材料和电子文件材料的自然形成规律,对文件材料系统整理组卷,编制页号或者件号,制作卷内目录,交本部门负责档案管理工作的人员检查合格后向高校档案机构移交。

具体来说,高校各部门向档案馆(室)归档的案卷,一般应符合以下几点要求:

①应归档的文件要收集齐全与完整。应归档的各类文件材料中每一份文件材料的页数、同一文件材料的不同稿本,均应收集齐全完整;应归档的本校(院)党委或行政颁发的正式文件,正本与领导人签发的定稿一定要放在一起整理归档,不得以正本代替定稿;上级党政机关颁发的本校(院)需要贯彻执行的文件,其正本必须归档,不得用复印件代替。

②一组文件的整理要保持它们之间的有机联系。一组有密切联系的文件材料,如正文与附件、请示与批复、转发文件与原件、批转文件与原件、问函与复函,均应放在一起立卷,不得分开。文件与电报应逐一分类立卷。

③归档的文件要准确地分类、分年、分价值。不同类别、年度、价值的文件不得放在一起立卷。因此,在进行归档文件材料立卷时,必须准确地区分文件的类别、年度和保存价值。

④归档文件的整理要系统化。卷内文件的排列与编号、案卷的排列与编号,均应做到有条理有系统。

⑤归档文件的编目要规范。卷内文件目录、案卷封面的编目、案卷目录和归档文件目录的格式与填写都必须符合规范的要求。

⑥纸质档案材料和电子档案材料应当同步归档。高校归档的文件材料，包括纸质、电子、照（胶）片、录像（录音）带等各种载体形式。

⑦归档文件的制成材料要符合规范和标准的要求。归档的文件材料必须是准确、真实的原件，一般不能用复印件归档。归档文件的制成材料，应耐久性强质地优良。纸张幅面应符合要求，一般文件材料应为16K型（260毫米×184毫米）或A4型（210毫米×297毫米）；其他表格8K型（260毫米×368毫米）或A3型（420毫米×297毫米）。归档文件材料要符合文件制作要求，标题、落款、时间、印章、签发手续必须齐全完整，行文规范，书写工整，字迹、声像清晰；字迹材料一律使用碳素墨水或蓝黑墨水、优质油墨书写或制作，严禁使用铅笔、水彩笔、圆珠笔、签字笔、复写纸、压感复印纸、红色及纯蓝墨水等易褪色的材料书写或制作；打印件应采用激光打印机打印，不得使用针式打印机或喷墨打印机打印；电子文件的脱机载体应采用光盘等保存质量较好的载体，一般不使用软磁盘等保存时间较短的载体材料。

四、归档办法

学校文秘部门或业务部门的兼职档案管理人员在向档案馆（室）移交归档案卷时，应填写"交接文据"并附归档文件目录。档案交接文据是在变更档案所有者或保管者的过程中形成的具有法律效力的文件。因此，档案管理人员应依照归档文件目录逐卷逐件认真核对，确认无误后由交接双方经手人在"交接文据"上履行签字手续。交接文据应一式两份，分别由移交单位和接收单位保存，以备查阅。

档案交接文据一般由三个部分构成，第一部分是交接单位、交接性质及范围，第二部分是交接档案、资料及有关材料的种类、数量，第三部分是移出说明及接收意见。

第三节　高校档案收集的内容与要求

档案收集工作是整个高校档案管理工作中极为重要的一个环节，它能为高校档案管理工作提供最直接、最主要的物质基础。没有档案的收集工作，高校档案管理将会是无米之炊、无源之水。只有建立内容丰富、门类齐全、结构合理的高校档案馆（室）藏体系，才能有效地保护和开发利用高校档案信息资源，更好地为高校各项工作和社会发展提供服务。因此，做好高校档案收集工作，是整个高校档案管理工作的起点。

一、高校档案收集的内容

高校档案的收集，就是依据高校档案馆（室）按照《档案法》和《高等学校档案管理办法》规定，通过常规的接收制度和专门的征集办法，把分散在学校各个职能部门、院系、群团组织及个人手中或散落在社会其他组织或个人手中的高校教学、科研、党政管理等活动中直接形成的具有保存价值的各种载体形式的档案集中起来，以实现学校档案的集中统一管理。《高等学校档案管理办法》第八条明确规定，高校档案机构的管理职责是"负责接收（征集）、整理、鉴定、统计、保管学校的各类档案及有关资料"。档案收集工作是高校档案管理工作的起点，也是高校档案管理的基础性工作。高校档案收集工作主要包括以下三个方面的内容：

（一）文件的归档交接

高校文件材料的归档交接工作，就是指校属各部门按照归档制度的要求，将属于学校归档范围的、分散保存的文件材料收集整理立卷后，向学校档案馆（室）归档。学校档案馆（室）根据《高等学校档案管理办法》的规定，结合学校的实际工作情况，定期或不定期地接收经学校各部门系统整理立卷的属于应当归档的文件材料。文件的归档交接工作是高校档案馆（室）丰富馆藏的基本途径，也是馆藏档案的主要来源。

（二）撤销机构档案的接收

高等学校在合并办学、院系重组、机构调整等过程中会出现一些撤销机构的档案材料。为了防止撤销单位档案分散、任意销毁或丢失，撤销机关或单位必须及时将全部档案材料认真收集、整理、鉴定并向高校档案馆（室）进行移交。而高校档案馆（室）为了全面、完整地再现高校的历史面貌，就必须切实做好撤销机构档案的接收工作。如果撤销机构的档案材料不能及时整理与移交接收，可能会造成大量档案得不到较好的保管，甚至造成损坏、丢失，档案的价值也将得不到有效的发挥。

在进行撤销机构档案交接的过程中，档案交接双方应当按照高校文件材料归档制度的要求，认真核查移交目录与接收的案卷是否相符，并认真填写档案移交清单（表）。档案移交清单（表）是撤销机构档案交接双方交接的凭证，具体包括交接单位双方名称、交接时间，案卷或文件材料数量形成日期、保管期限等项目。此表应一式两份，档案交接双方各执一份。

（三）历史档案的征集

历史档案征集工作，既是高校档案馆（室）丰富馆藏资源的重要途径，也是当前高校档案馆（室）档案收集工作的一项重要内容。历史档案绝大部分距今年深月久，流散在社会的各个角落，有的可能至今还埋藏在地下或放置在夹壁之中，还有的散落在各种各样的人手中。由于保管条件不善，这些历史档案每时每刻都可能遭受自然的和人为的损坏，尤其是有不少保存和熟知历史档案情况的人年事已高，如不及早收集，这些珍贵的档案会受到难以弥补的损失。为此，历史档案的征集就成为高校档案馆（室）档案收集工作的一项重要内容。

历史档案征集工作是一项政策性与技术性都很强的工作，同时，它又存在一定的偶然性和不确定性。因此，对于各种历史档案史料的征集，高校应当制定专门的制度和办法。根据《高等学校档案管理办法》的规定，高校历史档案征集的专门制度和办法，主要包括档案征集的报批手续、政策、形式、归档管理等方面。

1. 档案征集报批管理规定

《档案法》第22条规定，"对于保管条件不符合要求或者其他原因可能导致档案严重损毁和不安全的，省级以上档案主管部门可以给予帮助，或者经协商采取指定档案馆代为保管等确保档案完整和安全的措施；必要时，可以依法收购或者征购。""档案所有者可以向国家档案馆寄存或者转让。严禁出卖、赠送给外国人或者外国组织。"高校档案馆（室）在进行档案征集工作过程中，应当按照档案征集法规，根据自身的管理权限，制订档案征集报批管理办法，包括档案征集范围、档案征集申请审批流程、档案征集负责人、需要准备的文件资料等内容。

2. 历史档案评估鉴定与收购定价规定

根据《档案法》和《高等学校档案管理办法》的有关规定，对流散在社会上其他组织机构及校内外人士手中对教学、科研、基建、生产、管理等活动具有保存利用价值的档案材料，高校可以采取接受捐赠、寄存或购买的方式进行征集。若以购买的方式进行征集，高校档案机构需同相关部门，制订征购档案鉴定标准，成立档案鉴定工作小组或鉴定工作委员会，对征购的档案经过鉴定、评估后予以定价，以完成征集工作。

3. 档案征集工作归档管理规定

《高等学校档案管理办法》第24条规定，对于个人在其非职务活动中形成的重要档案材料，高校档案机构可以通过征集、代管等形式进行管理。高校档案馆（室）应当根据上述规定结合高校实际情况制订本校（院）档案征集工作规定。在实际操作过程中宜首先采用代管的形式进行管理，如果档案所有者不同意以代管形式进行管理，则应考虑采用其他方式对其进行征集，以确保档案材料的完整与安全。

4. 捐赠奖励办法

根据《高等学校档案管理办法》第39条，高校应对在档案的收集、整理、提供利用工作中做出显著成绩的或将重要的或者珍贵的档案捐赠给高校档案机构的单位或个人，给予表彰与奖励。高校档案馆（室）应当按照上述规定，结合学校具体实际情况，制定切实可行的档案捐赠奖励办法，保证捐赠者有优先利用档案的权利，维护其合法权益，并视情况予以奖励，以调动个人、社会组织和机关单位档案捐赠的积极性，推动档案捐赠行为，可以进一步丰富和优化高校档案馆（室）藏资源。

二、档案收集的要求及注意事项

高校档案馆（室）收集与征集的对象主要有学校各部门归档的档案、撤销机关的档案和历史档案。收集不同类型的档案，具体要求也各不相同。综合分析，高校档案馆（室）档案收集工作，具有如下几个方面的要求：

（一）收集的档案必须齐全、完整

档案的齐全完整，是档案收集工作最基本的要求。学校各部门向档案馆（室）

移交归档的档案，是高校档案馆（室）的常规任务和基本业务活动。在收集各部门文件材料的归档过程中，往往存在着一些影响归档文件齐全与完整的不良现象。例如，有的业务部门的工作人员由于归档意识不强，档案法制观念淡薄，在文件归档时，"留一手"或"没用的归档，要用的不归档"等情况时有发生。又如，在收集归档文件工作中，重纸质文件归档、轻电子文件等特殊载体文件的归档现象普遍存在。校园网络的建立和电脑的普及，使得文件起草、修改多依靠电脑，导致文件需要整理归档时，档案管理工作人员只得下载一份应付，没有与领导者签发的定稿一起归档。这就给收集归档文件的齐全与完整带来了极大的影响。在收集撤销机构的档案时，由于收集与整理工作不及时，也出现了一些应归档的文件材料被调动的工作人员擅自带走的情况。这些情况充分说明，高校档案收集工作必须堵塞各种漏洞，以确保进馆（室）档案的齐全与完整。

（二）收集的档案必须进行规范整理

档案的规范整理，是高校档案收集工作的基本要求。无论是学校各部门向档案馆（室）归档移交的档案，还是接收撤销机构的档案，在进档案馆（室）前，都必须按照《高等学校档案管理办法》和相关规定进行规范整理并立成案卷。以下是其具体要求：

第一，各部门归档的档案必须完整，确保全宗的完整性。一所学校全部的档案应该作为一个整体，整理时不得分散。撤销机构的档案，当涉及几个不同的全宗时，一定要以全宗为单位进行整理，全宗之间的文件材料不得混淆。

第二，正确地划分档案的保管期限，不同保存价值的文件材料要分别组合成不同保管单位，不同保管期限的案卷要分别编目、排列、存放。

第三，保持文件之间的有机联系，按照文件的性质和特征进行组卷，确保整理的案卷符合规范要求。

目前，在高校档案收集工作中，存在某些不正常的现象。例如，学校个别部门的兼职档案管理人员，归档意识淡薄，错误地认为归档文件的整理是档案管理部门的责任，因此在他们进行文件归档时，既不整理，又不区分归档范围，把零散文件材料往档案馆（室）移交，严重地影响了档案馆（室）档案收集工作的顺利进行。又如，在机构撤并中，由于机构经常变动和人员流动，档案被遗留在某个角落，等到档案馆（室）来接收档案时，只能一包一捆地接收，难以规范整理。归档的档案和撤销机构的档案，即使在进馆前已经进行了规范整理，但是进馆后，档案馆（室）仍然要进一步进行加工整理。对于征集来的历史档案，档案馆（室）更是要进行全面系统的整理与编目。

（三）重点关注高校重要活动档案的收集

高校重要活动档案是反映高校主要职能活动和发展轨迹的真实记录，具有极其重要的现实和历史价值。随着高等教育事业的发展，高校重要活动日益增多，包括党和国家领导人、国内外知名人士来校视察、参观、访问、指导、捐赠等活动；上级教育行政主管部门对教育、科研、党建等工作的评估、验收等活动；本校（院）领导人出席重要的国内外公务活动；本校（院）承办的国际性学术研究活动；各类重大会议和重要赛事活动等，都会形成大量珍贵的文字材料和音像资料。由于这些记载和反映学校重要活动情况的档案，跨区域、年度、部门、学科领域，载体形式多样，涉及面广泛等原因，要及时收集这部分档案材料的难度很大。因此，高校档案馆（室）要充分考虑到这部分档案材料的特殊性，并采取有效的措施，使之及时归档，真正确保档案的齐全与完整。

（四）收集的档案要达到标准化要求

档案的标准化是提高高校档案管理现代化水平和实现档案信息化的基础。如果收集的档案不符合国家标准，将会给高校档案后续管理工作带来更大的困难，档案信息化工作也难有成效。因此，高校档案馆（室）在进行档案收集时，一定要严格遵循高等学校档案部门业务建设规范的要求，确保档案在全宗划分、分类、划分保管期限、目录编制、档号编排、案卷装订以及档案材料规格、书写或印制等方面都应符合标准化的要求。

（五）要注意收集与本校（院）档案直接有关的资料

高校档案馆（室）在收集各门类档案的同时，必须把与本校（院）馆藏档案和学校发展历史有关的资料收集起来，分门别类，整理编目，以满足学校和社会各方面的使用需求。这些资料主要包括在各个历史时期社会组织或专家学者编辑出版的报纸、期刊、年鉴、史志、回忆录、传记等。在收集各种的类型档案时，还应将每个立档单位的组织沿革、全宗介绍及其他有关检索工具与档案一并收入档案馆（室）。

第四节　高校档案收集的措施与方法

高校档案门类众多，内容繁杂，涉及范围广泛，而且信息量大，这些特点决定了高校档案收集工作任务的艰巨性和重要性。高校档案收集工作几乎涉及学校的每一个人、每一个单位。档案材料收集是否齐全、完整直接关系到高校档案馆（室）馆藏档案的质量。提高高校档案馆（室）档案质量的关键，在于采取各种行之有效的措施与方法收集档案。

一、档案收集的措施

高校档案收集工作的具体对象虽然是档案实体，但是工作范围却涉及学校领导及其管理人员、教师、学生。因此，在高校档案馆（室）业务工作环节中需要重点进行指导、组织、督促与协调活动的是收集环节，其他环节主要靠档案管理部门内部管理和对外服务来完成，一般无更多的组织和协调工作。学校档案管理部门的管理职能主要体现在收集环节。档案收集工作既是档案业务工作环节之一，又是高校档案管理机构行政管理工作的一部分。档案管理部门如果仅依赖各部门及个人按归档制度移交文件材料，交多少就收多少，交什么就收什么，就很难掌握档案是否收集齐全完整。高校档案管理部门应当变被动为主动，充分发挥其档案行政管理职能的作用，采取有效措施与方法以确保档案收集工作的顺利开展。

（一）建立健全立卷归档制度

没有规矩不成方圆，制度是规范个人与组织行为的各种约束和规则，起着规范、约束人们行为的作用。制度的基本作用是通过规范约束人们的行为，促使个人与组织为实现同一个目标而努力。因此，要做好高校档案的收集工作，必须建立与健全文件材料的立卷归档制度，并认真落实。

1956年，《国务院关于加强国家档案管理工作的决定》提出，全面推行文书处理部门立卷，以建立统一的归档制度。各机关办完的文件材料，应该由文书处理部门整理立卷，定期向机关档案室归档，改变把零散文件随办随归档和成堆归档的错误做法。从此，文书立卷归档就作为机关工作的一项制度确定下来。教育部和国家档案局制定了《高等学校档案管理办法》提出，高等学校实行档案材料形成单位、课题组立卷的归档制度。

高校只有认真贯彻执行国家档案局和教育部的规定，通过健全与完善归档制度，才能确保档案收集工作的顺利进行。

（二）完善收集网络

1. 兼职为主，专职指导

《高等学校档案管理办法》第16条规定，"学校各部门负责档案管理工作的人员应当按照归档要求，组织本部门的教学、科研和管理等人员及时整理档案和立卷。"文件材料的归档工作是学校文秘和业务部门的重要任务，档案管理部门具有指导与监督的职责。做好高校档案收集工作，人员的配备和素质是决定性的因素。因此，高等学校在为档案馆（室）配备专职档案管理工作人员的同时，还必须在校属各部门配备相应的兼职档案管理人员。无论专职或兼职档案管理工作人员，都应当遵纪守法、爱岗敬业、忠于职守、具备档案专业知识和相应科学文化知识以及现代化管理技能。各个部门的兼职档案管理人员应投入一定的时间和精力，并按照归档制度进行文件材料的收集、整理和归档工作。总之，只有真正做到了兼职档案管理人员为主，专职档案管理人员指导监督，学校各部门文件材料的归档工作才能落到实处。

2. 培训与深造结合，提高专、兼职档案管理工作人员素质

专、兼职档案管理人员是学校档案管理工作的主力军，他们的专业素质高低直接决定着整个学校档案管理工作水平的高低。为了加强专、兼职档案管理队伍的建设，学校应定期选派他们外出参观学习和交流，开阔视野，同时还应积极采取集中培训和个别辅导相结合的方法，对专、兼职档案管理人员进行档案专业知识培训，不断增强档案管理人员的档案意识和业务水平，增强档案管理人员的政治责任感。

3. 拓宽电子文件的收集渠道

随着现代信息技术的发展，电子文件在高校的各项活动中已经越来越重要，高校各部门文件材料归档工作必须与电子文件归档工作同步进行。做好电子文件

的日常收集归档工作，是各部门专、兼职档案管理人员的重要职责之一。电子文件具有可变性、可控性的特点，容易丢失，内容容易被修改或销毁，因此学校各部门需要对具有保存价值的电子文件在办理结束后要及时整理、及时存盘；对需要归档的电子文件应尽量做到与相应的纸质文件材料同时归档。这样，既可以保证电子档案的原始性、真实性，又可以满足利用者习惯于查阅纸质文件的需要。同时，高校档案馆（室）要积极参与高校办公自动化建设，因为档案信息化建设与整个学校的信息化建设是息息相关的。鉴于学校整体的办公自动化建设直接影响档案资源的建设与管理，在电子文件归档时，只有保留必要的背景信息和元数据信息，才能确保归档电子文件的真实性、完整性、有效性。

（三）建立督促检查机制

对档案收集工作进行督促和检查，是做好高校档案收集工作的重要保证。

1. 运用经济和行政手段，严把档案收集关

①高校在对科研成果、产品规划与试制及生产、基建工程、单价在10万元以上的设备进行鉴定、验收时，有关职能部门或业务主管部门必须通知档案管理部门派人参加，对应归档的文件材料加以审查，签署意见并出具证明材料。对于没有将完整、准确、系统的文件材料移交档案馆（室）的项目，学校不予验收，不予上报成果，不予投产，财务部门也不得报账。

②高校档案管理部门与人事管理部门共同制定相关制度，在进行职称评定、年度考核、表彰先进时，必须认同档案管理部门出具的科研论文、论著、成果鉴定证书等证明材料。就是说，单位及个人必须把科研、奖励等档案材料归档移交到高校档案馆（室）确认后，才能参加职称考评、评定先进等活动。此外，调出人员在办理调出手续前，必须经过档案管理部门审核，确认将应归档的文件材料归档移交并在调出单上加盖档案管理部门公章后，学校人事部门才能办理正式调出手续。

2. 建立良性的激励机制

高校档案管理机构应建立档案收集工作的考核和奖惩机制，明确校属各部门和档案专、兼职人员在档案收集工作中的职责和任务，把文件材料归档工作的情况与各部门和个人的业绩挂钩，根据各部门及有关人员完成文件材料归档情况的考核内容，分等级进行量化考核，即将档案收集工作和个人的考核、年终评优或

奖励联系起来进行测评。同时，学校应积极开展档案执法工作检查、评比和表彰活动，以此作为促进高校档案收集工作的有效措施。对于关心档案管理工作的领导和在档案执法工作中成绩突出的单位、个人进行表彰，以调动学校各部门领导与专、兼职档案管理人员做好文件归档工作的积极性，提高归档档案的质量，保证档案收集工作的顺利进行。

高校档案馆（室）在征集历史档案管理工作中，也应当坚持实行激励机制。学校社会组织和个人能把历史档案保存下来，就是为保护国家历史文化财富做出了贡献；况且，有的人为了保护和保管这些历史档案，遭遇过各种风险，有的甚至是通过交换或重金购买的。因此，高校档案管理部门应当根据《档案法》和《高等学校档案管理办法》的有关规定，对于"将重要的或者珍贵的档案捐赠给高校档案机构的"，应当给予表彰与奖励；对于自愿捐献历史档案和历史资料的家庭和个人，应当给予一定的荣誉和表彰，并赠送必要的复制品以作为纪念；对于某些特别珍贵的与本校（院）发展历史有密切关系的历史档案，高校档案馆（室）应主动购买，付给保存者一定的报酬。

二、档案收集的方法

高校在教学、科研、党政管理等各项工作活动中不断形成和积累了大量具有保存价值的档案材料。这些档案材料来源广泛，载体多样。高校档案馆（室）要将这些档案材料齐全完整地收集起来，实行集中保管，并为学校和社会提供最优质的服务，充分发挥高校档案的作用。这就要求高校档案馆（室）必须集思广益，采取多元收集方法，才能确保档案的收集完全与完整。

（一）定期集中收集法

定期集中收集法是档案收集的基本方法，就是学校各管理部门或业务机构，将在工作活动中产生和处理完毕并具有保存价值的各类文件材料，由专、兼职档案管理人员与形成档案材料的单位或个人，按照归档制度的要求收集整理立卷，并按规定的时间向学校档案馆（室）归档移交。这是高校普遍采用的方法，采用这种方法的前提是要有完整配套的实施措施：一是建立和健全适合本校（院）特点的归档制度；二是建立校属各部门专、兼职档案责任人网络，明确职责，使学校有一套完备的档案收集管理工作网络体系，从而保证整个学校文件归档工作正规、有序地进行；三是学校各部门在学校档案管理部门的指导与监督下，由全校专、兼职档案管理人员相互配合，密切协作，共同做好文件归档工作。

（二）追踪收集法

档案追踪收集法是针对非常规性工作所形成的各种档案材料或常规性工作遗漏的档案材料的一种随机性收集。这种收集方法一般适用于下列情况：一是学校设立的临时性机构所组织的重要的中心工作、重要活动，如校庆、成立董事会、全校运动会、学术科研会、开展文明建设活动月等工作活动中产生的文件材料的收集；二是撤销的机构，其职能没有被其他机构代替时，被撤销的机构在撤销前工作活动中产生的文件材料的收集；三是学校内部管理不规范，导致产生的应当归档的文件材料无人管理或重要的会议文件材料未设专人管理，会议结束后需要追踪收集立卷归档；四是主渠道收集文件归档后，发现应归档而未归档的文件材料的收集等。

（三）超前导入收集法

超前导入收集法主要适用于以下几种情况：一是某机构撤销后，原职能归属被分解归入其他机构中；二是机构职能发生调整；三是主管专项活动的临时机构撤销后，其业务转到挂靠部门（单位）；四是部门兼职档案管理人员工作变动。另外，对于高校声像档案而言，其照片大都出自宣传部门。因此，档案管理部门应及时与宣传部门沟通，提前向拍摄者提出照片档案拍摄要求，并及时指导相关人员做好照片档案的收集、整理和归档工作。

（四）监控收集法

监控收集法一般适用于下列情况：一是设备开箱验收、房屋竣工验收、科研成果鉴定、产品试制与成果鉴定等，学校档案管理部门必须派人参加，对应归档的文件材料加以审查、验收，并出具归档证明，有关部门凭归档证明方可同意验收，并办理相关手续；二是专业技术人员申报专业技术职务时送审的论文、著作、科研成果等，人事部门凭档案管理部门的归档证明，方可作为评审的依据送审；三是本校（院）人员外出（包括出国）参加各种重要会议、学术活动、考察等，回校后将应归档的文件材料交档案管理部门验收登记、出具证明,财务部门方可准予报账。

(五)广告收集法

广告收集法是指通过报刊、电视、广播及媒体网络,刊登或发布征集历史档案广告来收集历史档案和历史资料的一种方法。在广告中向社会各界人士广泛宣传征集历史档案与历史资料的意义与政策、内容与范围,从而获得收集档案的线索与保存历史档案单位或个人的信息,进而采取派人上门收集所需要的档案的方法。

(六)信誉收集法

信誉收集法是指学校档案管理部门认真履行职责,通过优质、高效的工作信誉,赢得全校教职员工,尤其是学校各部门兼职档案管理人员及文书人员的信任与支持,促使他们积极主动地将应归档的文件材料进行整理立卷后向档案馆(室)归档,从而取得档案收集工作的最佳效果。不过,实施这种方法还需要在全校师生员工中普及档案管理工作的基本知识,争取他们理解和支持。通常的做法包括:一是利用一切机会采取多种形式和方法,宣传《档案法》和档案在学校工作中的意义、作用,宣传档案管理工作基本知识;二是定期举办讲座或培训班,培训具体负责积累、收集、立卷归档的工作人员,不断提高他们的档案管理工作理论水平和操作技能;三是定期开展档案管理工作的检查评比活动,表彰工作业绩卓著者;四是档案管理部门主动提供服务,积极为教学、科研、管理、生产等部门的工作人员提供档案资料,以丰富而优质的馆(室)藏为他们解决问题。

第五节 高校档案检索

一、高校档案检索的途径和效率

(一)高校档案检索的途径

档案检索的途径是指检索档案时所采取的入口或角度。检索途径在档案检索工具中是以检索标识的形式呈现出来的。档案检索的途径可分为形式检索途径和内容检索途径两大类。

1. 形式检索途径

形式检索途径是以档案的形式特征作为检索入口的检索途径。它具体可细分为责任者途径、文件编号途径、人名途径、地名途径和机构名途径。

（1）责任者途径

责任者即档案的形成者，包括机关和个人等。同一责任者形成的档案在内容上反映某一特定职能活动，具有一定阶段性，并在内容和时间上互有联系。责任者途径在已知档案的责任者和大致形成时间的情况下是比较方便的检索途径，而且通过这一途径可以检索到同一责任者形成的全部档案材料。

（2）文件编号途径

文件编号（文书档案中的发文字号等）是一份特定文件固有的并具有唯一性的特征信息。在已知一份文件编号的情况下，采用文件编号途径检索档案是最为简便的方法。

（3）人名途径

人名途径是从档案中涉及的人物入手检索档案信息的一种检索途径。人名途径对于检索有关某一特定人物的档案材料比较方便和有效。

（4）地名途径

地名途径是从档案中所涉及的地名入手检索档案信息的一种检索途径。地名途径对于检索有关某一特定地区的档案材料比较方便。

（5）机构名途径

机构名途径是从档案中所涉及的机构入手检索档案信息的一种检索途径。机构名途径对于检索有关某一特定机构的档案材料比较方便。

提供形式检索途径的档案检索工具包括责任者目录、文号索引、人名索引、地名索引、机构名索引等。

2. 内容检索途径

内容检索途径是用直接表达档案主题内容的档案特征信息作为检索入口的检索途径。它具体可细分为分类途径、主题途径和专题途径。

(1) 分类途径

分类途径即将档案分类号作为查找入口检索档案信息的一种检索途径。从分类途径入手，可以系统、全面地查到相关档案材料。分类途径是档案检索中最重要的途径。

(2) 主题途径

主题即档案所阐述的中心问题。主题途径是指从档案主题词或关键词入手检索档案信息的一种检索途径。从主题途径入手，可以直接查找到涉及某一问题、某一对象和某一事物的档案材料。主题途径也是档案检索中的一种重要途径。

(3) 专题途径

专题途径即从某一专题入手检索档案信息的一种检索途径。提供内容检索途径的档案检索工具有分类目录、主题目录、专题目录、案卷目录、案卷文件目录和全宗文件目录等。

形式检索途径和内容检索途径都是十分有价值的。前一类途径可以通过已知的档案形式特征获得明确的检索结果，后一类途径则可根据使用需要，从主题内容出发对档案进行检索。比较而言，前一种途径的特点是可以迅速、准确地检索到特定档案，但前提是必须预先掌握档案确切的形式特征，否则就无法进行，而且也很难在此基础上扩大检索相关档案。后一种途径不必事先了解档案相应的形式特征，不仅可以根据使用需要直接检索特定主题内容的档案，而且可以通过档案检索系统中主题内容之间的联系，扩大或缩小检索范围，进行相关档案的检索，但在检索确定的对象时，不如前一种方法直接和准确。因此，形式检索途径和内容检索途径是互补的。

(二) 高校档案检索的效率

档案检索效率是指在档案检索过程中满足利用者的全面性和准确性程度，这是衡量档案检索系统性能与质量的一个最基本的指标。就每一个检索过程而言，理想的检索结果是无遗漏、无误差地检索出利用者所需档案，但由于各方面的因素，实际上很少能达到这样的结果。

1. 衡量检索效率的指标

检索效率通常采用查全率和查准率两个指标来衡量。

查全率和查准率这两个指标是美国情报专家佩里（Perry）和肯特（Kent）于1955年提出来的，后经不断改进和完善，至今已成为衡量检索效率的两项关键指标。

查全率是指满足利用者要求的全面性程度，即根据利用者的需求检出的相关档案与全部相关档案的百分比。与之相对应的是漏检率，即未检出的相关档案与全部相关档案的百分比。查全率和漏检率是两个相对应的指标，其公式为

$$查全率 = \frac{检出的相关档案}{全部相关档案} \times 100\%$$

$$漏检率 = \frac{未检出的相关档案}{全部相关档案} \times 100\%$$

例如，某一利用者要求查找有关廉政建设方面的档案，档案馆保存的有关专题档案是80件，检索时检出其中64件，有16件漏检，那么查全率是$\frac{64}{80} \times 100\% = 80\%$，漏检率为$\frac{16}{80} \times 100\% = 20\%$。查全率越高，说明检索出的相关档案越多，漏检率越低。查全率表明档案检索系统避免相关档案漏检的能力，是评价档案检索系统效率的一个重要参数。保持较高的查全率是档案检索系统的一个基本目标。

查准率是指满足利用者要求的准确性程度，即根据利用者的需求检出的相关档案与检出的全部档案的百分比。与之相对应的是误检率，即检出的不相关档案与检出的全部档案的百分比。查准率和误检率也是一对相对应的指标，其公式是

$$查准率 = \frac{检出的相关档案}{检出的全部档案} \times 100\%$$

$$误检率 = \frac{检出的不相关档案}{检出的全部档案} \times 100\%$$

查准率表示档案检索系统排除与检索提问无关的档案的能力。提高查准率可以节省利用者筛选无关档案所花的时间，对提高档案检索系统的实际使用效果具有重要作用。因此，档案检索系统一般采取多种措施来保证查准率。将查全率与查准率结合使用，就可以比较客观地显示档案检索系统的检索效率。

一般性检索结果如图3-1所示。

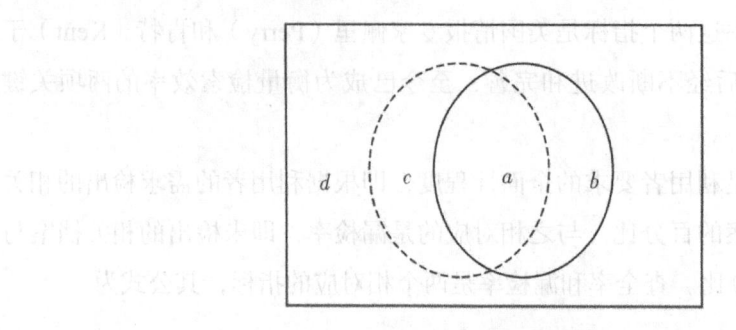

图 3-1　一般性检索结果

图 3-1 中整个外框纳入了档案检索系统的全部信息集合（$a+b+c+d$），虚线圆是关于某一主题的相关档案（$a+c$），虚线圆以外是不相关的档案（$b+d$），实线圆是在检索这一主题过程中检出的档案（$a+b$）。图 3-1 显示的是一次检索过程。按照图 3-1 中的描绘，该检索过程检出了大部分的相关档案（a），排除了存储于信息集合中大多数的不相关档案（d），也遗漏了一些相关档案（c），检出了一些无关档案（b）。如果从档案检索系统和利用者两个方面对图 3-1 中所示检索结果加以分析，各个因素之间的相互关系便如表 3-1 所示。

表 3-1　检索结果 2×2 表

项目	相关	不相关	总计
已检出	a	b	$a+b$
未检出	c	d	$c+d$
总计	$a+c$	$b+d$	$a+b+c+d$

由表 3-1 可知，

$$\frac{a}{a+c} \times 100\% = 查全率$$

$$\frac{c}{a+c} \times 100\% = 漏检率$$

$$\frac{a}{a+b} \times 100\% = 查准率$$

$$\frac{b}{a+b} \times 100\% = 误检率$$

表 3-1 从档案检索系统和利用者两个方面描述了检索情况，通常被称为检索结果 2×2 表。从档案检索系统方面来看，在检索时其档案信息集合总是被分为两个部分：已检出档案（$a+b$）和未检出档案（$c+d$）。从利用者方面来看，已检出的档案可分为两种情况：相关档案（a）和不相关档案（b）。未检出的档案也分为两种情况：利用者需要但遗漏的档案（c）和利用者不需要也未检出的档案（d）。从表 3-1 中可以看出，理想的检索效果应该是只检出利用者需要的全部档案，即 $a+c$。在这种情况下，$b=0$，即不相关的档案未被检出；$c=0$，即没有遗漏的相关档案，此时的查全率和查准率都达到 100%。

a 值（检出的相关档案）对于查全率的高低具有决定性影响。因为相关档案的总数（$a+c$）是固定的，a 值越大，c 值必然越小，查全率就越高。

英国情报学家克莱弗登（Cleverdon）通过实验得出了查全率和查准率这两个指标之间存在互逆关系的结论：查全率高，必然会检出一些内容关联程度较低的档案，从而影响档案检索系统的查准率；反之，提高查准率，要求排除与检索提问相关程度较低的档案，从而影响查全率。

图 3-2 所表示的检索结果是以四种不同方式检索得到的。从图 3-2 中可以看出，如果进行范围宽泛的检索时（点 A），查全率很高，可以达到 90% 左右，而这时查准率则很低；相反，当检索范围小，很有针对性时（点 D），则查准率较高，查全率较低。点 B 和点 C 的查全率和查准率都比较平均。图 3-2 中的曲线是美国情报学家兰开斯特（Lancaster）根据 50 次检索的调查结果绘制的，所以被称为经验曲线。

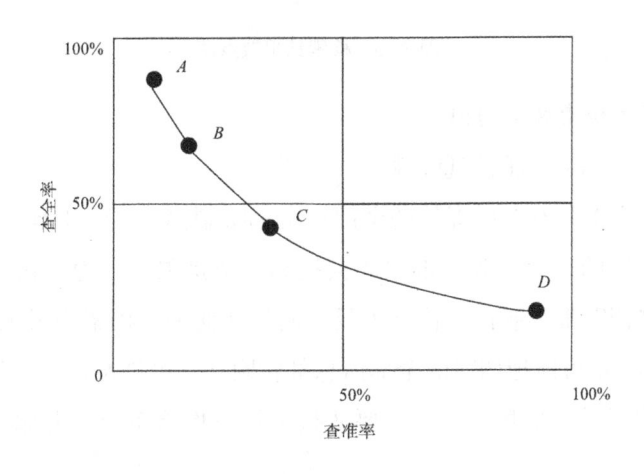

图 3-2　检索结果经验曲线

这条经验曲线实际上是一条平均曲线，也就是说它是根据若干次检索结果的平均情况绘制而成的。因此不能以此理解为每一个检索过程均如此。在实际工作中，经常会遇到这种情况，有时查全率和查准率都可能达到100%，而有时查全率和查准率都可能是0，即检出一大堆材料，均属无关文献。如果把每次检索的结果具体标出来，就形成了散点图。

在图3-3这个散点图中，每个"●"代表一次检索结果，实际上每次检索结果的查全率和查准率不一定都是互逆的。有时检索效率很好，查全率和查准率均很高（右上角）；有时查全率和查准率又都很低（左下角）；某些结果是查全率高，查准率低；某些结果是查全率低，而查准率高。这些结果平均起来，就获得检索结果的经验曲线，显示出查全率和查准率之间的互逆关系。

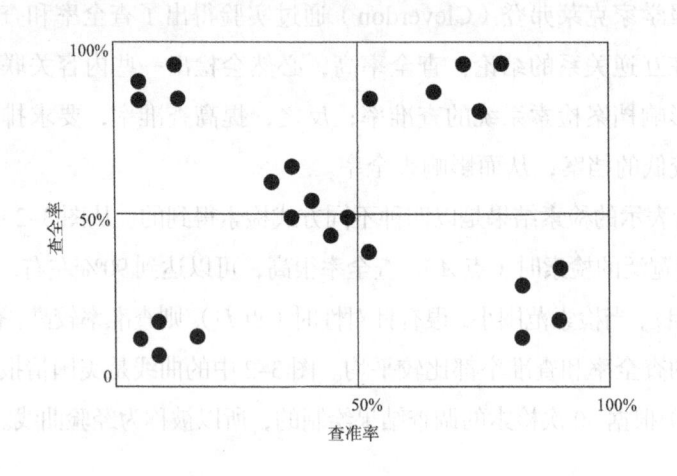

图 3-3　检索结果散点图

2. 影响档案检索效率的因素

（1）档案检索系统的信息存贮率

档案馆（室）只有对所保管的全部档案都编制档案检索工具，存贮到档案检索系统中，档案的查全率和查准率才会提高。但是限于人力、物力等方面因素，不可能对所藏档案都编制档案检索工具，而且任何一种档案检索工具的信息存贮率都是有限的，不可能把档案的全部信息都转附在一种档案检索工具之上。因此，提高档案检索工具的信息存贮率，要从整个档案检索系统来考虑。档案馆（室）

应根据实际情况，编制各种实用的档案检索工具，达到档案检索工具配套齐全，检索途径多样化的目的。

（2）档案检索语言的性能

档案检索包括档案信息存储和档案信息检索两个方面，这两个方面都离不开档案检索语言。档案检索语言是检索系统的语言保障，采用高效的档案检索语言，可以提高档案检索系统的检索效率。

（3）档案检索途径的数量

从理论上说，档案在存入档案检索系统之后，该系统向利用者提供的检索途径越多，它被查到的概率就越高。如果某一档案在档案检索系统中只向利用者提供一条途径，那么利用者只有找到这条唯一途径，才有可能获得这一档案。如果有六条检索途径可供查检，那么只要找到其中任何一条途径便可获得档案，这样查全率、查准率自然会相对提高。就使用单一的档案检索工具而言，检索途径的多少取决于档案标引的深度。就使用整个档案检索系统而言，除标引深度外，还取决于档案检索工具的种类或数据库内部的数据结构。适当地增加检索途径有利于提高系统的查全率，但检索途径过多也会加重系统的负担，有时还会造成检出档案的相关程度不高，降低查准率。

（4）档案著录与标引的质量

著录与标引是对档案的特征进行分析、选择、记录并赋予其检索标识的过程，而检索标识是组织档案检索工具和依据，因此，著录与标引的质量是影响检索效率的重要因素。

（5）检索策略的优劣

档案著录与标引的结果对于档案存储的质量至关重要，而检索策略在查找过程中起着决定性的作用。检索途径选择的是否正确，检索标识之间的逻辑关系表达得是否科学，能否针对需求的变化和检索的误差灵活地调整检索表达式，是实现需求信息与系统内信息集合中相关信息成功匹配的关键。每一个不同的检索策略都会导致不同的检索结果。

（6）检索人员的素质

不论是手工档案检索系统还是档案计算机检索系统，都要由检索人员来参与和控制检索过程。

上述因素中除档案检索语言之外，均与检索人员的素质有关，因此检索人员的素质对于检索效率有直接的影响。

二、高校档案检索的技术与方法

（一）档案著录

档案著录是档案馆（室）编制档案目录时，对档案的内容和形式特征进行分析、选择和记录的过程。著录的结果是编制出档案条目。条目是编制档案目录的基础。许多条目按照一定的次序编排组合，就形成档案目录。

编制检索工具（目录或索引）时都经过档案的著录和档案目录的组织两个步骤：第一步，按照一定的规则，将每份文件或案卷的内容和形式特征记录下来，由若干著录项目组合成一个一个的条目；第二步，将许多条目，按照一定的方法，组织成一个有机体系，形成档案检索工具。

档案著录是记录档案特征的过程，条目是档案著录的内容，是组成档案检索工具的基本单位。档案检索工具的质量，一方面取决于组织的方法，而更重要的是著录的质量。任何档案检索工具，要具备良好的存储和检索的功能，都必须以著录的详细具体、标引准确、格式与标志符号统一、方法一致、文字简明为条件。

著录上的差错与混乱，会降低检索工具的效能，甚至会使档案丧失作用。

档案著录所遵循的方法称为著录规则。为了实现著录工作的规范化，1986年1月1日，我国国家标准《档案著录规则》开始实施，作为全国档案著录工作的依据，这个规则的主要内容包括著录项目、标志符号、著录格式、著录详简级次、著录来源等。

1. 著录项目

在档案的著录过程中，要依据一定的记录事项对一份文件或案卷的内容和形式特征进行记录，这些记录事项就是著录项目。它是构成档案条目以及档案目录的最基本数据单元。

2. 符号

标志符号是用以区别不同的著录项目和著录含义的标志，通常用在著录项目之前。档案著录标志符号分为著录项目标志符号和著录内容标志符号两种。

3. 著录格式

著录格式是指条目内各种著录项目的组织、排列顺序及表示方法。不同种类的检索工具，其著录格式也是不相同的。《档案著录规则》中规定应采用段落符号式的著录格式，按不同著录对象，该格式分为文件级和案卷级两种。

文件级和案卷级条目著录格式，按其载体形式均可分为卡片式和书本式。使用卡片著录时，所用卡片的尺寸是 12.5 厘米 ×7.5 厘米，卡片四周均留 1 厘米的空白。著录时按照著录项目的前后次序著录，如果正面著录不完，可接背面继续著录，原顺序、格式不变。书本式条目著录格式除在正题名前加顺序号，其后空一格外，其余部分与卡片式条目相同。

4. 著录详简级次

著录详简级次是指著录时对档案著录项目的取舍程度。《档案著录规则》中所列的项目，是从总体要求上提出的，并不是每份文件或每个案卷都要求著录所有项目。有些项目要求必须著录，这些项目称为必要项目；有些项目可根据实际情况进行取舍，可著录也可不著录，这些项目称为选择项目。

必要项目包括：正题名、第一责任者、时间、分类号、档号、缩微号、主题词等。选择项目包括：并列题名、副题名及说明题名文字、文件编号、载体类型标志、其他责任者、文本、密级、保管期限、载体形态、从编、附注、提要、电子文档号、档案馆（室）代号等。

档案著录详简级次分为详细级次和简要级次。详细级次是指在条目中不仅著录必要项目，还部分或全部著录选择项目。简要级次是指在条目中仅著录必要项目。档案著录详简级次的选择使用，各机关档案室可根据情况自行选择。

5. 著录来源

档案著录来源是指被著录档案本身的信息。文件的著录信息来源主要是文头、文尾，主题词的标引应查阅正文。案卷的著录信息来源，主要是案卷封面、卷内文件目录、备考表，主题词的标引应查阅卷内文件。如被著录档案本身材料不足时，可参考其他材料。

（二）档案标引

1. 档案分类标引

（1）档案分类标引的方法

档案分类标引是指给每份文件或每一个案卷一个分类号，作为排列条目、组织档案分类目录和索引的依据。分类标引的方法如下：

首先，熟悉分类表，了解分类表的编制目的、使用范围、分类原则体系和结构，这是正确进行分类标引的首要步骤。

其次，准确地掌握需要分类标引的文件或案卷的内容，细致地进行主题分析。主题分析是通过对档案的内容特征进行分析，准确提炼和选定主题概念的过程。正确的主题分析是保证档案标引质量的重要因素。

再次，根据其内容归入最恰当的类别。通过分析题名和浏览正文后确定主题，查阅分类表，找到确切相符的类目，标出分类号。

最后，审校。在标引之后，应进行审核，以保证档案标引的质量。

（2）主题分析与概念转换的基本步骤和做法

主题分析和概念转换是档案分类标引的关键步骤，应予以高度重视。

主题分析的基本步骤如下：

第一，通过审核档案，了解和判断档案所反映的中心内容和其他主题因素，一般可通过文件或案卷的题名获得。当档案无题名或题名不能全面、正确地反映档案主题时，应浏览全文，重点阅读全文的开头、结束语、段落标题，必要时阅读批语、摘要、简介、目次、图表、备考表等内容。

第二，通过审读档案，确定档案或案卷的主题类型和主题结构。档案的主题类型可以分为单主题和多主题。单主题是指一件（卷）档案只表达一个问题。多主题是指一件（卷）档案表达两个以上的问题。主题结构是指构成主题的因素。主题因素有五种，分别是主体因素（即反映文件主题内容的关键性概念）、通用因素（即对主体因素起补充和说明作用的次要因素）、位置因素（即文件所论述事物、对象和问题所处的空间、地理位置的主题因素）、时间因素（即文件所论述的对象所处的时间范围内的主题因素）、文件类型因素（即文件的类型和形式方面的主题因素）。概念转换是指在确定了主题类型和主题结构的基础上，选定主题词或分类号的过程，也就是将主题概念转换成检索语言给出检索标志的过程。

2. 档案主题标引

档案主题标引就是通过对文件或案卷内容进行主题分析，从主题词表中选择相应的主题词来标记其内容主题，存储在检索工具中，作为检索的依据。

（1）步骤

首先，审读文件，确定主题。在此基础上，确定主题类型与结构。

其次，对主题进行概念分析，选定主题词。在确定主题类型和结构后，从词表中选定相应的主题词标志文件或案卷主题。具体选择主题词时，应深入研究主题分析的全面性、概念分解的准确性，充分考虑利用者的检索需要，从主题词表中选择专指性强并能正确表达主题概念的主题词。

再次，给出主题标志。确定选用的主题词，并明确各主题词之间的关系，将主题词著录在条目上。

最后，审校。要审查对文件或案卷的主题分析是否正确，确定的主题概念是否恰当，选定的主题词是否确切表达了主题，著录有无错误，是否符合标引的组配规则。审校是主题标引工作中不可缺少的步骤，应由精通业务的人员担任。

（2）基本规则

档案主题标引应以档案论述的客观事物和研究对象为依据，客观地反映档案主题，不应掺杂标引人员的臆测和褒贬。

①标引档案的主题词必须是词表中的正式主题词，非正式主题词一般不能作为标引词使用。选词时，必须首先考虑选用最专指的主题词，不得以其上位词或下位词进行标引。当没有专指主题词时，则应选择最直接相关的几个主题词进行组配标引。

②如果组配标引仍无法达到要求时，可选用最邻近的上位词或下位词进行靠词标引。一般应依据词族索引选用最直接的上位概念主题词进行标引，不应使用越级上位主题词标引。另一种是用近义词进行靠词标引，应依据范畴索引选用与主题概念含义最相近的主题词进行标引。

③当上位主题词标引不合适时，可采用关键词进行标引。关键词标引又称为增词标引。关键词是主题词表以外的，未经规范化处理的自然语言。使用关键词一般要按照规定的手续作为候补主题词登录后方可使用，以后按照使用频率高低转入正式主题词。

④标引应以文件为单位进行，每份文件的标引深度应根据文件主题的详略和重要程度而定，一般可标引3~8个主题词，最少标引1个，最多不宜超过10个。手工检索系统应该控制词量，防止过度标引，以免造成系统负担过重，增大误检率。

（3）主题词组配标引规则

常用的组配方法有概念限定组配和概念相交组配。前者使概念更专指，表达方式为：起修饰限定的概念放在后面，被限定的概念放在前面，中间用"—"连接，如"污染—环境"。后者用以表示概念之间的交叉关系，方法是在两词之间加上"："，如"钢铁企业：联合企业"，表达钢铁联合企业的概念。

第四章 高校档案管理信息化建设

伴随着社会的信息化步伐日益加快以及社会信息量的持续增长,人们迫切需要信息服务部门帮其迅速、准确、方便地找到所需的知识和信息。档案信息具有来源广泛、覆盖面大、内容真实可靠等特点,与国民经济和社会发展密切相关,是社会信息资源中的基础性资源,被誉为"信息资源之源"。所以,档案管理部门要想应对时势变化和适应社会发展的要求,其有效途径就是及时地开展档案的信息化建设。本章主要介绍了高校档案管理信息化建设的原则、信息化建设对高校档案管理的影响、高校档案管理信息化建设存在的问题。

第一节 高校档案管理信息化建设的原则

一、文档一体化原则

文档一体化管理是以文件处理和档案管理为基础,实施从创建、处理到归档的全流程管理,确保文件的完备性、元数据的一致性,以及文件与档案之间的数据流畅且完备。

二、双轨制原则

虽然电子文件大量产生和应用,但它的法律作用和凭证作用尚未取代纸质文件的地位。《高等学校档案管理办法》第十五条明确规定"高等学校应当对纸质档案材料和电子档案材料同步归档"。因此,高校档案信息化建设要严格实行电子文件和纸质文件同步归档的双轨制原则。

三、前瞻性原则

构建数字化档案馆是高校档案信息化建设的终极的目标，即通过整合档案信息资源、技术和服务，以达到最大程度的社会共享。这是一项投入巨大且复杂的系统性项目，需要按照阶段、层次和步骤有条不紊地推进。我们必须对当前的情况进行深度分析，进行科学的研究，以确保软硬件资源的可持续性，这样不仅能满足当前信息行业的特性和需求，也能顺应未来的发展和应用方向，从而最大限度地减少资源的浪费。

四、协作原则

高校的档案信息化建设涵盖了基本设施、数据资源、规章制度、管理应用系统和安全防护体系等领域，这些领域对资金、科技、设备和人才的需求都极为迫切。对于人手不足或财力有限的档案馆（室）而言，要想将档案信息化建设落到实处，必须坚持协作原则。

五、效益原则

建立高校档案信息化是一项庞大的系统项目，需要投入大量的人力、物力和资金。因此，在实施档案信息化建设时，必须坚持效益优先的原则。档案信息化建设应坚持"一切从实际出发"的原则，分轻重缓急，在力所能及的范围内着力解决最迫切的问题，着力提高档案信息化建设的效益。

第二节 信息化建设对高校档案管理的影响

一、拓展高校档案管理的功能

（一）高校档案管理具备信息传递功能

21世纪被称为网络化时代，也是一个由信息科技所驱动的时代。为了适应社会趋势并满足时代的进步需求，构建现代化的学校已经成为当前高等教育的主导发展路径。伴随着信息科技在大学的广泛应用，以及办公自动化和电子政务的持续实施，大批的电子信息文件逐渐涌现。在大学的档案管理流程里，许多文件经过信息科技的数字化处理后输入电脑，然后由档案管理工作人员利用相应的软件来进行分类、梳理、评估价值以及标记等操作。同时，每一份文件都会附带相应的特性信息，这样可以方便未来更迅速、更精确地寻找和检索。随着大量电子文件的储存，大学档案管理部门在保持文件管理者身份的同时，也转变为信息管理中心。其优势在于能够将公开的文件存储在校园内的网络平台，实现文件资源的共享，在提升工作效率的同时，使每个用户对文件管理的理解更加明确，并为他们提供快速、精确的服务。在达到大学档案管理应有的功能的同时，大学档案管理部门也进一步凸显了其核心枢纽作用。

（二）高校档案管理具备宣传教育功能

高校档案是对大学发展历程和文化特性的记录，也是对大量原始数据的保存。它包含了教育、管理、科研、文化等多个领域的信息，反映了大学领导、教师和学生的行为。档案在研究报告、学术交流心得、项目计划以及规章制度等方面的记录，为大学日常工作的进行提供了必要的信息支持，扩大了人际交往的范围，为交流活动的深入进行提供了可能性。在大学档案管理中，信息技术的运用可以使信息的记录更为原始，并且能够凸显其在教育宣传上的支持作用，如通过档案实物展示、专题讲座和知识竞赛等方式。另外，信息技术也能够将其在推广教育上的支持作用整合到人才培养和科研行动中，为众多的师生提供更加直观、便捷的服务。例如，在项目研究、产品开发、学术论文编写的过程中，开启相关资料的网络检索功能，为相关行动的进行提供教学、科研等领域的成果数据，从而充分发挥大学档案管理的职责。积极探索、挖掘和保存档案的独特信息，然后有目标地进行标准化和梳理，以此凸显档案管理的宣传和教育作用。

二、加快高校档案管理工作建设进程

（一）使高校档案管理更公正、更透明

借助信息科技，可以在校园的日常运营中构建一个档案信息系统，并在该系统中开设一个信息公告栏。这个系统将会对学校的教育特性、教育环境、招生规

定、教师资质、就业机会以及出国需求等方面的信息进行展示，以便让教师和学生能够更加明确地掌握与他们息息相关的信息。采取此种方式的优点在于，它不仅提高了大学档案管理的效率，还推动了大学档案管理的公正性和透明度的进步，增强了大学档案管理的服务质量和专业性。从某种程度上看，这也有助于提升大学档案管理的整体服务质量和能力。

（二）助力高校档案管理的信息共享建设

高校档案管理的核心目标在于满足用户需求，并提供更加迅速、便利和精确的信息服务。伴随着全球经济一体化的发展，社会信息源源不断地涌现，信息管理的覆盖面也在迅速增长，现代高等教育机构的用户对服务性能的期望也日益提升。所以，推动大学档案管理信息的共享化是社会发展的必然趋势，同时也是大学档案管理未来的努力方向。信息科技的应用则为大学档案管理的信息共享化提供了强大的支持。档案信息系统也成功地把全国的所有大学的文件数据进行了有序、连贯的整合，从而实现了全国大学之间的全新交流。专门的信息分享服务体系和平台的建立，极大地方便了中国的大学教职员工以及科研团队的交流、协作、活动，同时减少了资源的消耗并提高了效益。

（三）提高高校档案管理的工作效率

这主要体现在简化了档案管理的流程和内容，从而增强了工作效果。首先，与传统的档案管理方法不同，我们的大学档案信息化管理把档案信息转变成数据存储，这样可以节约大量的空间。同样，大学的文件信息化管理具有更长的保存期限，这减少了员工在整理和修复文件上的时间投入。其次，利用信息科技，也简化了文件信息的收集和处理过程，从而提升了文件管理的效率。最后，利用档案搜索关键字，不仅显著减少了管理者和使用者的查找时长，也在提供便利和迅速服务的同时，将大学的档案管理推向了新的阶段。

三、完善高校档案管理的服务功能

（一）为高校档案管理的服务功能奠定技术基础

在高校档案管理中，最重要的任务是收集、整理和保存现有且具有价值的纸质文件。然而，随着信息技术在各大学校档案管理中的广泛应用，校园内部网站逐渐建立，传统的纸质文件存储方式被新型的文件载体，如磁盘、光盘等所取代。档案存储方式的改变，不仅推动了收集范围的进一步扩大，还使保存方式的灵活性增强。数据库的扩充和专题库的增加，使得大学档案管理的服务功能得到了进一步的完善，为其提供更高质量的服务打下了坚实的技术基础。

（二）使高校档案管理的服务功能更加人性化

在高校档案管理过程中，信息化的应用为其提供了更多的人性化服务。信息科技对大学档案管理产生了重大影响，它扩展了大学档案的储存方式，从而推动大学档案信息从单一向多元化转变。通过数字化的档案管理，我们能够从各种不同的视角，如声音、图像、视频和照片等来记录特定主题的信息。这样不仅保证了信息的完整性，也让用户能更准确、深入地理解档案信息的主题。另外，利用信息技术也能改变大学档案管理的服务模式，根据需求者的心理状态来提供个性化的档案服务。例如，在校园网站或档案管理网站上添加用户注册功能，经过必要的审核后，根据用户的需求提供相应的在线咨询服务，并提供专业的档案检索服务。对于专业性较强的学科，还可以提供有针对性的参考咨询服务，构建一个档案管理和使用者之间的信息交流平台。这些措施推动了相关的教育和研究任务的顺利实施，并充分利用了其信息指引的功能。

第三节　高校档案管理信息化建设存在的问题

高校档案管理信息化建设从20世纪90年代开始，虽然起步较晚，但发展势头较快。然而高校档案管理信息化建设发展很不均衡，存在一些有关理论性、政策性、技术性的问题需要解决。与其他行业相比，高校档案管理信息化还存在着以下几个方面的问题：

一、对档案管理信息化建设的认识有待提高

全面认识档案信息化的过程是教育思想、教育观念转变的过程，是以信息的观点对现实问题进行分析认识的过程。只有在这样的基础上提高对档案信息化建

设的认识，我们才能提高档案信息化建设水平。近年来，随着国家信息化建设的整体推进，校园信息化建设已呈现出良好的发展势头，但高校的档案信息化建设相对滞后。滞后的一个主要原因是有些高校的竞争意识淡薄，受主观、客观条件的限制，传统的管理理念和思维方式制约了高校档案管理信息化的建设和发展。因此，必须提高对档案信息化建设的认识，并将其纳入校园信息一体化的进程中。

二、档案管理信息化缺乏统一的标准

尽管目前一些国家或行业的档案规范已经制定，但这些规范仍不能满足档案信息化的快速和有序发展的需求。为了实现高校档案信息资源的全面共享，我们必须制定各种标准，包括高校档案门户网站信息系统的设计和数字档案管理软件的应用规范、高校纸质档案的数字化规范、各高校间档案数据库交互的规范等。

三、档案管理数字化起步缓慢，投入不够

数字化馆藏的纸质档案是实现档案信息化的关键步骤。实际上，构建馆藏档案的卷级和文件级目录数据库并不复杂，对于当前管理中产生的电子文件，全文数据库的接纳和管理也只是时间问题。但是，将馆藏的纸质档案数字化并创建档案全文数据库却面临着巨大的挑战。鉴于图书馆的文件资料数量庞大，所需的劳动力也相当庞大，任务艰巨，因此需要大量的人力和资金，还需要学院各个层面的积极配合。

四、档案管理信息化缺少必要的软硬件环境

信息化档案管理的基本前提和根本条件在于配备相应的硬件设备和专业软件。目前，许多大学的档案管理部门仍然缺少专用的服务器或者使用一般的计算机来替代，假如大学的档案管理机构没有制造和接收电子文件的设备和网络，那么大学的档案信息化建设就难以进行。因此，硬件设施的配备是大学档案信息化建设的关键。

软件方面主要体现在档案业务管理和档案数据采集方面。目前有些高校还采用纯手工的方式管理档案。虽然也有一些高校采用了单机版或网络版的档案管理

系统，然而大都没有和学校的其他管理系统（如办公自动化系统、学籍管理系统、成绩管理系统、资产管理系统）有机结合起来，系统处理功能极弱，适应性、扩展性较差，无法满足现阶段高校电子校务环境下的档案管理工作的需要。

五、档案管理缺少档案和信息技术专业人才

高校的档案数字化建设人才短缺。从专业布局上看，档案与信息科技领域的人才很少，能够掌握档案相关工作并且擅长应用现代科技的人才更是稀缺。大部分的档案管理工作人员并未接受过档案管理的相关教育，他们对于档案与信息科学的理论知识掌握不足。各类学校的教育焦点仍然是对于档案信息技术人才的培训。

第五章 信息化时代高校档案管理的创新研究

档案信息化建设是档案事业应对迅猛发展的信息化社会的必然选择。本章主要介绍了实现高校档案信息化管理的技术应用、信息化时代高校档案管理的安全措施、信息化时代高校档案管理的创新实务。

第一节 实现高校档案信息化管理的技术应用

一、云计算技术在档案信息化管理中的应用

在现在的信息技术领域中,云计算技术是热门话题之一,同时也被社会各界高度关注,这使高校档案信息化管理面临着机遇和挑战。

(一)云计算的概念及特征

云计算作为一种依赖于互联网的计算模型,通过运用虚拟资源管理、分布式计算等先进手段,借助网络的便捷性,将零散的数据资源汇聚,构建出一个共享的资源库。它通过动态的、可衡量的手段,向所有使用不同设备的用户提供服务。在云计算的环境中,应用软件可以直接安装到"云"端的服务器中,而非用户终端上,用户如果想使用软件或获取服务,只需通过浏览器登录到"云"端的管理平台就可以实现。"云"实际上是对计算服务模式以及技术实现的一种比喻。"云"由云元这种大量的基础单元所组成,各个云元之间都通过网络连接并汇集成一个庞大的资源池。

根据提供的资源所在的层次不同,可以将云计算服务分为三种服务方式,分别是基础设施即服务(IaaS)、平台即服务(PaaS)和软件即服务(SaaS);按照

服务对象的不同，也可以分为三种，分别是面向公众使用的公有云、面向机构内部提供服务的私有云和二者相结合的混合云。

（二）云计算用于高校档案信息化管理的优势

1. 实现高校档案信息资源共享

借助云计算，档案管理部门能够规避由多头开发的档案管理系统软件导致的"信息资源孤岛"问题，并且能够在各个区域创建大学档案信息资源的"共享池"，从而达到对电子档案资源的高效整合、全面分享及统一管理。

2. 节省投资成本及运维费用

借助云计算，许多档案管理部门无须再建立独立的软硬件平台，只需要极低的成本就能获得极高的运算能力，因此能大幅度减少运维开销，也能显著提升运维效率。

3. 提高信息系统的安全性

之前档案馆的数据一般都集中存储在本馆的服务器上，如果服务器出现故障，那么高校档案馆是没有办法提供正常服务的，有时候甚至可能导致数据的丢失。通过云计算，就会拥有大量的服务器，即便其中一台服务器出现故障，其他服务器也可以在很短的时间内把出现故障服务器里面的数据复制出来，并启用新服务器，继续提供服务，档案管理工作就能真正实现无间断安全服务。

4. 解决人才短缺问题

一般高校档案管理部门会配备专门的信息技术人员来进行管理，而云端技术人员负责对云计算的档案信息系统进行维护，两者相比，后者不但节省了人力资源，而且更加专业。

（三）云计算对高校档案信息化管理的保障

目前，大学的文件管理存在许多挑战，如资源融合困难、系统管理困难、数据汇聚困难、人员招聘困难、财政支持困难等。云计算技术的出现，将会为高校档案管理部门解决这些难题开辟新的方向。

1. 档案信息化基础设施保障

由于不同地区的经济水平存在差异，对高校档案信息化建设的投入也有很大差别。因此，档案管理部门可以利用云计算的"基础设施即服务"方式，对档案行业的设备，如存储器、服务器进行资源整合，通过"云"平台向不同地区的档案管理部门提供基础设施服务。这样不但能够避免设施建设重复投入的浪费，也能减少一些技术力量相对薄弱的档案管理部门的系统运维开支。

2. 档案信息化业务平台保障

档案管理部门投入了大量的人力、财力来进行档案管理应用系统的研究、开发、运行以及维护，但是仍然无法确保应用系统的质量。而采用"平台即服务"的模式，可以促使各级档案管理部门对经费以及人才集中使用，研制并推广通用的档案管理软件，这样不但能够避免软件重复研制的经费投入，还能够通过推广通用软件，从而改变以前因为重复建设而造成的平台异构、数据异构、流程异构以及档案信息资源共享困难的弊端。

3. 档案信息化高效利用保障

怎样才能通过档案的社会化服务，使档案的社会利用价值增强、社会的档案意识提高，这是目前加强并改进档案管理工作的重要问题。

以部署在"云端"的档案资源管理体系为依托，能够十分方便快速地获取数字档案信息，并进行不同专题的档案编研；也能够把个人收藏或者家庭档案做成一个网络展览推入"云端"共享；还能够通过"云端"提供的"一站式"检索功能来获取跨地区、跨专业的档案信息资源。

（四）云计算应用于高校档案信息化管理工作遇到的障碍

就目前而言，对于云计算技术的研究尚在初级阶段，还存在很多需要解决的问题。其中，制约高校档案信息化与云计算两者相结合的主要问题就是标准和安全。

1. 相关标准制度尚未建立

云计算技术的概念非常热门，但在其背后仍然有很多模糊的定义。任何一个云服务提供商为了追求更大的经济利益，都会站在自身角度去看待这项技术。正如古语所言，"没有规矩，不成方圆"，如果缺少云计算服务所必需的合同范本、标准规范、采购管控、后期管理以及评估认证等管理机制和相关制度，云计算在高校档案管理领域的应用就会面临更多问题和困难。

2. 安全风险时有发生

档案作为国家以及各级部门的重要信息资源，具有一定的保密性，因此会突出要求其安全性。云计算服务出现后，信息服务中断的事情经常发生，主要原因是配置错误、软件漏洞或缺陷、黑客攻击以及基础设施故障等。在关于互联网数据中心的全球调查中，对云计算的性能、安全以及可靠性等持有怀疑看法的用户在 70% 以上。[①] 我国用户在对云服务商进行选择的时候，安全性、稳定性以及网络质量是他们最先考虑的。

就技术方面而言，由于平台共享化、数据集中化、网络服务化以及参与角色多样化等特性，云计算系统的安全漏洞不但无法避免，而且相对于传统信息化系统，其所面临的安全风险更加复杂。然而，相对于中小企业或者个人用户来说，云服务提供商在访问控制、数据备份、攻击防范以及安全审计等安全方面的功能更加专业和完善，并能够通过统一的安全策略和保障措施来对云端信息技术系统进行安全升级和加固，从而使这些用户的数据和系统更加安全。

总之，云计算是信息化发展的必然趋势，档案信息化需要我们用积极的心态迎接档案云时代的到来。

二、大数据技术在高校档案信息化管理中的应用

（一）大数据概念探析

大数据的提出是在 2000 年前后。当时互联网网页的增长速度大约是每天 700 万个。2000 年年底，全世界的网页数量已经超过 40 亿个，用户想通过互联网检索到准确的信息逐渐变得困难起来。谷歌公司为了让用户使用互联网的效率更高，率先建立了一个可以覆盖数 10 亿个网页的数据库，开始提供更精确的搜索服务，在很大程度上提升了人们使用互联网的效率，这标志着大数据应用的起点。谷歌公司提出的一套全新的以分布式为特征的技术体系则是大数据技术发展的源头。

大数据从出现那天一直到现在都是社会关注的焦点，但是目前还没有被大众公认的定义。大数据可以通过技术、资源和应用这三个层面来理解：第一，对于

---

① 许秀. 高校档案管理与信息化建设研究 [M]. 哈尔滨：哈尔滨工业大学出版社，2019.

大数据的处理，需要运用新技术，如智能算法和新型计算架构等；第二，大数据的数据特征包括结构多样、体量大、时效性强等；第三，对于大数据的应用，既要倡导将新的观念运用到寻找新的知识和支持决策中，也需要注重改善网络闭环的商业流程。大数据不只是内容广泛，同时也是技术创新的结果，它是新的工具、资源和应用的集合。

（二）大数据关键环节

数据在信息系统中都有一个生命周期，对于大数据来说，它从数据源到分析挖掘再到最终获得价值通常要经过几个环节来实现，主要包括数据准备、数据存储与管理、计算处理、数据分析，以及知识展现等。在不同环节中，大数据所带来的变化也不同。对于数据准备和知识展现这两个环节的变化只是体现在量上，而对于数据存储、数据计算和数据分析这三个环节来说，大数据所带来的变化有很大影响，这需要重构算法和技术架构，而这在未来一段时间内也会成为大数据技术创新的重点领域。

1. 数据准备环节

由于大数据数量巨大、格式多样化，以及质量参差不齐的特点，因此在数据预备阶段，必须对其格式进行标准化处理，这将为接下来的数据存储和管理阶段奠定了坚实的基础。另外，我们还需要在尽可能保持数据原有含义的同时，还要剔除数据中的噪声。

2. 数据存储与管理环节

目前，全球的数据量以平均年增长率50%的速度迅速增长，数据的快速增长特征以及海量化是大数据对存储技术提出的重要挑战。[1]谷歌分布式文件系统（GFS）和Hadoop分布式文件系统（HDFS）采用分布式架构，不但填补了传统存储系统的不足，还可以使并发访问性能得到显著提高。

另外一个针对存储技术的挑战是如何适应各种数据格式。大数据的显著特性之一就是多元化，因此，为了满足对各类非结构化数据的高效管理需求，大数据的存储和管理系统必须具备这种能力，这促成了非关联型数据库的出现。在不久的将来，大数据的存储管理技术将把关系型数据库的操作便捷性特点和非关系型

---

[1] 许秀.高校档案管理与信息化建设研究[M].哈尔滨：哈尔滨工业大学出版社，2019.

数据库的灵活性特点进一步更好地结合，从而促使新的融合型存储管理技术得以开发。

3. 计算处理环节

数据密集型计算是大数据分析的一部分，它不仅对存储单元与计算单元的数据吞吐能力有着严格的要求，同时也对其扩展性和性价比有着极高的标准。分布式并行计算技术能够满足大数据计算分析的新需求，并且能够弥补传统并行计算系统在速度、成本和可扩展性方面的缺陷。

4. 数据分析环节

大数据价值控制的关键就在于数据分析环节。目前，大数据分析的技术方法主要有两种：一种是利用已有的知识，手动构建数学模型以进行数据分析；另一种则是通过构建人工智能系统，利用海量的样本数据进行训练，使机器能够自动从数据中抽取知识。机器学习以及人工智能技术能够更好地适应现在的大数据环境，拥有广阔的发展前景。

5. 知识展现环节

在大数据服务于决策支持场景下，大数据分析的重要环节就是将分析结果直接客观地呈现给用户，其主要的挑战在于如何让分析结果更容易被理解。不过，在嵌入多项业务的闭环大数据应用中，通常是由机器根据算法直接将分析结果进行应用而不需要人工干涉，所以这种情况下的知识展现环节不是必需的。

（三）大数据对高校档案信息化建设的保障

1. 档案数据高效存储保障

随着科技的发展，数据的构成方式变得更加复杂，并具有分散化的特征。因此，我们需要收集的数据种类也在逐渐增加，这些数据种类大致可以分为结构化、半结构化和非结构化三种。例如，电子邮件文件就是一种半结构化的数据，而其他诸如文件、图片、照片、各种报告、音频、视频，甚至是图像等，都是不适合通过关系数据库二维逻辑表来表现的数据。

对于现在数量庞大、种类多样的档案资源的组织与管理需求来说，传统关系型数据库已经完全无法满足这些需求。因此，必须借助于大数据管理系统来实现文件的分散存储以及迅捷查找。目前，存储大数据的手段种类繁多，如 Hasoop 等，它们的共性在于充分发挥硬件的潜力，采取并行且可拓宽的处理手段，运用非关系模型存储与处理半结构化数据与非结构化数据，并使用高级分析和可视化技术来对大数据进行处理。

2. 档案数据价值挖掘保障

高校档案的数字化资源内容丰富，每一种档案数据都有其独特的价值，这可能会使用户难以找到合适的信息。如何在众多的资源中提炼并发掘出有价值的档案信息，并以一种更易于被人们接受的方式传递给用户，这是当前档案专业人员需要解决的问题。在大数据时代，被引入的新技术为档案管理工作人员提供了解决问题的途径。借助于大数据技术，档案管理工作人员可以识别出文件资料之间的相互关系，然后根据各种视角将它们归纳整理，将文件资料以各种级别和深度的形式呈现，将原本的无序数据转变成有序和有组织的数据，这样就可以让用户更加轻松、精确地查找到文件资料。必要时还可以使用可视化技术形成图形图像，把最终结果更加直观地显示出来。通过在海量数据中分析潜在知识，确定了大数据时代档案管理工作的方向和水平，这意味着在大数据时代，高校档案管理工作的重点将会转移到档案资源的数据挖掘和数据分析上。

3. 档案数据高效利用保障

在大数据时代，对于档案的整理过程，强调即时性与方便性。大数据科技能够向互联网上的信息服务提供定制、智能且优秀的辅助设备。通过这些设备，可以进行档案资料的自动搜寻、决策分析，并且还能够进行文件的追踪与发布。采取这些技术措施，将彻底颠覆文件管理中传统文件分类的许多缺点，并将归档业务推向了一个新的发展水平。

（四）大数据技术应用于高校档案信息化建设工作需注意的问题

1. 大数据技术实现问题

相较于传统的文件管理方法，大数据归档系统一般由许多复杂的节点构建而成。为了打破行业的束缚，大学的档案管理者必须与具备专业知识和大数据开发能力的人员协同工作，将行业的需求与大数据技术结合，创建出符合档案行业需求的大数据平台。另外，中国的纸质文件在数字化后主要呈现为文本图像，这对于大数据处理来说并不适宜。因此，我们需要利用光学字符识别技术来生成文本文件，以便提升识别的精度，从而为未来的档案大数据处理奠定基础。

2. 信息安全问题

作为社会关键的信息资源，档案是不可复制的。由于人为错误、计算机病毒、系统技术问题、间谍窃取或黑客攻击等，档案数据可能被破坏，会给机构和国家带来巨大的损害。因此，数字科技的主要目标是增强信息安全防护系统的构建，实施多样化的安全措施，以保证大学档案数据的完备性和安全性。

第二节 信息化时代高校档案管理的安全措施

近年来，互联网已经渗透到人们的日常生活中。文件管理部门可以借助互联网更加有效和快速地执行文件的存储、发送和接收。目前，电子文件已经成了一种发展趋势。文件管理部门可以通过将文件存储在"云"中来扩展文件的通信空间，以便需求者可以快速地检索到他所需要的文件。然而，正是这种速度也为一些犯罪分子提供了机会。网络本身是开放和虚拟的，某些恶意软件或者黑客可以轻松利用漏洞攻击、恶意读取或者修改文件。因此，文件网络管理中的信息安全已成为文件管理的重点。

一、网络环境下高校档案管理面临的安全问题

互联网科技的进步使得计算机网络变得更加重要，它不仅在信息传递方面起着关键的作用，也深入社会生活和档案处理过程中。实施网络化的档案管理和档案信息服务，已经成为档案业务发展的必然方向。此外，这也为档案的进步带来了新机遇和挑战。在网络环境中，确保档案信息的安全是其发展过程中的重大难题之一。目前，档案管理部门已经设立了档案的局域网和互联网档案站点，并在这个网络环境中进行工作，这样做有助于提升工作效率和服务水平。然而，计算机网络是共享、开放和复杂的，这些特性使得网络面临各种安全风险，档案信息也可能随时遭到破坏和攻击。因此，保障档案信息网络的安全运行至关重要。

（一）影响网络安全的因素

一般来说，网络安全的目标是保护网络系统的硬件、软件以及其中的数据，以避免由于意外事件或恶意攻击引发的网络安全问题、数据变动和信息遗失，从

而保证信息系统能够稳定、可靠且正常地运作。尽管如此,在真实的网络环境里,硬件的破损、系统软件或应用软件的缺陷、计算机病毒和黑客攻击等问题频繁发生,这些都对网络的安全构成了直接的威胁,主要体现在以下几个方面。

1. 容易被忽视的物理安全因素

保障档案信息网络内各类设备的安全是构建计算机网络系统的基础,这主要包括对档案信息网络所处环境的安全防护,如地区防护和灾害防护;设备的安全性(主要涵盖防盗、防损坏设备、防止电线阻断、防止电磁辐射泄露、抵抗电磁干扰以及电源防护等);媒体的安全性(主要涵盖媒体数据以及媒体本身的安全性)。

2. 内部或外部的非法访问

对于内部或者外部的违规访问,都可能引发网络的非法更新以及恶劣的攻击,从而对系统的文档信息的安全构成威胁。例如,网络管理人员在设定用户权限的过程中,并未进行适当的设置,也未对用户的密码进行严谨的挑选,就容易遭受来自外界的黑客攻击。

3. 难防的计算机病毒侵害

网络病毒传播的过程的破坏力、传播速度和覆盖范围都是单机病毒无法匹敌的。网络中的所有设备和通信路径都可能成为病毒的有效攻击目标。

4. 普遍缺乏基本的备份系统

在构建档案信息网络环境,尤其是基础档案信息网络时,为了节约资金,往往忽略了同步构建备份系统的重要性。如此一来,一旦出现网络安全问题,存储的文件就无法恢复原状。

5. 网络安全意识薄弱

自古以来,档案专业人士已经深刻理解到保护档案原件的重要性,并将馆库安全视为最关键的安全问题。然而,在文件信息管理过程中,他们有时会忽略档案信息网络的安全性。

(二)网络安全认识上的习惯误区

1. 误区一:局域网上运行的计算机是安全的

一般来说,人们会将局域网分为两种类型,一种是由一个路由器与众多交换机构成的小型网络，另一种是通过代理服务器连接到互联网的电脑。在这两种网络结构中，都存在一个入口，也就是我们所说的网关。第一种类型的网关是路由器，第二种类型的网关则是代理服务器。网关通常配备了相应的防火墙和端口管理功能。若网关长期未对防火墙或端口管理进行调整，那么对最新的病毒防护将无法起到作用。另外，当人们在网络上浏览时不慎点击他人创建的"病毒文件"，网关将难以阻止病毒的侵入。因此，认为局域网中的电脑是安全的这种观念是不正确的。员工应设置安全等级，安装防病毒软件、木马杀手软件和反间谍软件，并谨慎地浏览网络信息。

2. 误区二：若未连接互联网，则局域网上的计算机是安全的

局域网中的计算机在没有连接到互联网时风险较低，但无法保证网络中的每台计算机都是安全的。计算机通常有机会与外部信息交互，例如访问 FTP、网络邻居以及使用移动存储设备（如 USB 闪存驱动器或 MP3 等）。如果网络中的计算机通过这些机会感染了网络病毒，则整个局域网中的计算机一定会受到影响，以致被病毒攻击。

3. 误区三：安装更多的防病毒软件就是安全的

通常情况下，查杀病毒软件的编程往往滞后于病毒的出现。因此，人们要清楚地了解到没有任何查杀病毒的软件能完全解决所有病毒问题。许多杀毒软件无法完全杀死病毒和间谍软件。

防病毒软件的主要任务是阻止和检测病毒，若过度安装，可能会引发诸多问题。鉴于防病毒软件拥有监控程序和预防功能，因此，一旦某个防病毒软件试图监控所有电脑运行状态时遭遇其他防病毒软件，就可能会引发相互干扰，甚至可能出现多个杀毒软件相互判断错误的情况。

4. 误区四：如果系统经常更新，就不会有感染病毒的可能

在发现并发布系统漏洞补丁之前的一到两周内，系统漏洞就可能已经存在。在这段时间里，系统漏洞一旦被计算机黑客利用，后果就十分严重。此外，许多人认为只有重要和紧急的补丁才需要马上操作，而容易忽视对一般补丁的操作，这也会使黑客有机可乘。

5. 误区五：在线杀毒显示没问题就说明系统是安全的

在线扫描或在线查杀病毒无法对所有的病毒起到防范作用。杀毒软件所提供

的在线查杀病毒服务和其他服务等，往往是一种促销和营销自有产品的策略，其最终目的是更好地销售软件。

二、高校档案管理信息安全领域现有的安全措施

随着科技的不断发展，电子档案应运而生，高校电子档案的原创性和真实性也需要信息安全技术来保证。

（一）电子档案信息认证与恢复技术

1. 签名技术

电子档案的签名技术通常分为手写式和证书式两种数字签名方式。手写数字签名是嵌入在文字处理软件中的专用软件模块，人们使用光笔在屏幕上签名或者使用压敏笔在手写输入板上签名，就像在纸质文档上签名一样。证书数字签名是发件人通过使用自己的密钥对发出的文件加密处理，从而生成字母数字混合的字符串，即数字签名，然后随文件一起发送。

2. 加密技术

确保不泄露电子文件中的内容是加密技术的一个重要作用。加密技术有许多种加密方法，通常情况下，在传输过程中会使用"双密钥"。在网络中，加密的通信器一般具有加密密钥和解密密钥这一对密钥，并且加密和解密是不同的密钥，这样即使被人截获了信息，也很难对密文进行解密，从而起到保护传输中的电子文件的作用。加密密钥是公开的，而解密密钥是严格保密的。发送者使用接收者的公开密钥来发布信息，接收者用仅自己知道的密钥对接收到的信息进行解密。

3. 身份验证

为每个合法用户提供代表其身份的"口令"（由字母、数字或者是特定的符号组成）是研究时间最长和使用最广的身份认证方法。在用户登录系统之前需要先输入自己的"密码"。根据这个"密码"，电脑会将其与存储在设备内的其他信息进行对照。如果确认是合法的用户，那么就能够进入系统并获取相应的服务；反之，就会遭到拒绝。例如，银行的相关系统通过用户密码进行验证，而文件管理系统则采用管理员代码进行验证。这些措施旨在阻止非相关人员进入系统或销毁文件和数据。

4.防写措施

计算机的外部存储器有一种称为只读光盘，用户只能读取信息而不能添加、修改或者删除。这种只读形式的光盘来源于一次性写入光盘，用户只能对此光盘进行一次性写入，但是可以多次读取信息，只是没办法添加其他记录，也不能把原有信息擦除。这种一次性写入光盘的不可逆记录性质可以防止用户改变其信息，从而使电子文件内容的有效性和安全性得到提高。现在的很多软件设置中，都存在"只读"状态，这种状态可以保证用户只能从文件或者软件中读取信息，但是无法进行修改。

5.硬盘还原卡技术

硬盘还原卡是一种PCI扩展卡，主要用于保护计算机操作系统，其主要功能是恢复硬盘上的数据。使用这种卡后，用户可以随意添加、修改和删除硬盘上的电子文件和数据。一旦计算机重新启动，硬盘将回到修改前的状态，用户的操作不会留下任何痕迹，从而保护硬盘中的数据和电子文件的原始性。

（二）电子档案防病毒技术

1.计算机病毒的产生

计算机病毒是一种特殊的计算机程序，它具有一定的破坏性，并且可以进行自我复制，能够不用授权在数据文件或者可执行文件中侵入式执行。早在20世纪80年代中期，计算机病毒就已经出现，并且病毒数量在近几十年中迅速增加。近年来，网络病毒变得流行起来，并且越来越多的电子邮件和数据包都携带病毒，对于计算机病毒的预防和控制已经成为电子文件保护的一个重要方面。

2.计算机病毒的防治

为了预防和控制病毒，需要采取"预防为主，防治结合"的策略防止病毒感染计算机内部的软件，并抑制现有病毒传播给其他计算机。由于病毒是活跃的，因此必须阻止其有害行为。

3.尝试运用多种软硬件技术

一旦发现病毒的痕迹，应立刻用杀毒软件对病毒进行查杀并重启计算机，如果还有问题，应及时咨询专业人员或请专业人员进行处理。要特别注意重要数据的保护，并使用相关软件将数据保存在安全位置。还要制定严格的防病毒制度，如定期或不定期检查硬盘和系统、经常备份重要的数据磁盘和系统磁盘，并定期升级病毒检测软件、杀毒软件等。

（三）电子档案信息备份

信息备份是一种有效的信息系统损坏或崩溃的恢复方法，是确保信息安全的重要辅助措施。

1. 备份技术

备份技术的发展迅速，从最初的数据复制到磁盘镜像和磁盘双工，再到镜像站点，服务器群集技术以及灾难恢复策略等。在网络环境中，人们普遍采用的一种备份手段就是磁盘镜像和磁盘双工。磁盘镜像具备持续刷新并保存相同类型的文件的能力，其在相同的通道内配备两个磁盘驱动器和盘片。即使两个硬盘中的一个出现故障，另一个仍能够单独运作，不会受到干扰。双工磁盘的两个磁盘能够在两个通道内形成镜像，即使磁盘和通道遭受破坏，也能够保护文件。

2. 备份管理制度

电子档案管理员对于以下几个方面应当多加注意：

第一，明确备份方式。对于不同的备份方法要有一个明确的认识，静态数据应定期备份，而实时系统则需要实时备份，以避免系统崩溃或者计算机死机而造成损失。

第二，选择备份形式。例如，按照备份的具体项目划分，主要有全面备份（涵盖所有数据）、额外备份（加入数据）以及整体备份（涵盖整个系统，包含程序与数据）；按照备份的状况划分，有实时备份与网络备份两种类型。按照备份的时间段划分，可以涵盖每天、每周以及每月的备份。

第三，确定备份设备。根据设备的特性和各个单位的具体状况，我们可以选择使用磁带机、磁盘阵列、光盘、U盘、硬盘或者其他存储设备的组合。

第四，建立备份制度。这包括明确是否需要在异地进行存储，是否需要设置多个备份组，以及如何保证备份的智能恢复和灾难恢复等相关规则。在条件允许的情况下，我们也可以选择使用更先进的技术，如集群服务器和镜像站点。

总的来说，我们需要从保障系统安全和稳定运行的视角出发，思考备份任务中需要关注的因素，构建一个相对完善的备份体系。

（四）电子档案网络传输信息安全技术

1. 防火墙

防火墙通过在系统与外部网络的交汇处设定屏障，以此来阻止未经许可的人员访问系统的信息资源，避免泄露机器网络中的秘密信息和专利信息。

2. 虚拟专用网络

虚拟专用网络的主要用途为电子文件的传递。这种网络能够为两个不同的系统建立一个安全的连接，尤其对于电子信息的转移有着极好的效果。在这个虚拟的专用网络环境下，两个参与文件传递的人员彼此了解，而且他们的数据流动性极高。如果双方同意，那么他们能够利用更为精细的安全保护与验证技巧来应用在虚拟专用网络上，从而极大地增强电子文件的保护效果。

3. 网络隔离计算机技术

深圳市某公司发明了一种网络隔离安全计算机，它可以在一台计算机上实现内部网络和外部网络两种功能，内部网络是内部安全网络，外部网络是互联网。这种计算机可以确保在外部网络受到攻击和破坏时内部网络是安全的。①

第三节　信息化时代高校档案管理的创新实务

一、强化档案信息管理队伍建设工作

（一）创新队伍管理思维

观念虽然是无形的，却是提升档案信息化人才的执行能力与决策能力的关键性因素。因此，要培养高校档案管理工作人员具备以下七种新的思维：

1. 战略思维

战略是对事业发展进行的长远性和全局性的筹划。因此，要把档案的信息化建设与社会发展的大趋势，如文化传播、经济繁荣、改革开放与知识管理等密切地结合起来。我们要将满足社会需求作为实现档案信息化的目标，形成科学的"顶

---

① 许秀. 高校档案管理与信息化建设研究 [M]. 哈尔滨：哈尔滨工业大学出版社，2019.

层设计",由上而下、积极稳步地组织与推动档案信息化工作,转变以往各自为战、分头进行重复性建设的粗放型的发展方式。

2. 策略思维

策略是实现战略目标的高效和优质的路径。针对档案信息化的薄弱环节,应该采取"内部整合、外部联动"的策略:在内部,进行档案技术和信息资源的融合,借助整合的力量提高外部联动的能力;在外部,通过与外部信息系统的联动,将优秀的档案信息资源接收并扩散到其他地方,使得档案信息系统成为社会信息的集结中心。

3. 开拓思维

要树立不畏艰辛、力争上游、崇尚科技、追求理想、努力革新、不断开放、发愤图强、不屈不挠的开拓精神,摒弃不作为、畏惧艰难以及因循守旧的落后意识。

4. 辩证思维

在档案信息化建设的过程中,存在很多对立又统一的矛盾,如资源的存量与增量、资金的投入与产出、文件的有纸与无纸、数据的存入与取出、信息的保密与共享、配置的分散与集中等。这就要求我们以联系和发展的视角去理解问题,妥善处理对立与统一的关系,避免只顾一方而忽视另一方或者"一刀切"的僵化思维模式。

5. 人本思维

档案信息系统需要做到的是"以用户为中心",即以档案管理工作人员与利用者的应用满意度为出发点与归属点来进行信息系统的建设。因此,档案信息系统要尽量地满足利用者尤其是社会大众的需求,同时要做到界面友好、操作简便且具有人性化设计,能够提升用户体验。

6. 开放思维

网络化的实现需要一个开放的平台,只有当这个平台被充分利用,网络化的优势才能充分体现。因此,档案信息系统需要积极推动与各类社会信息系统的互联互通,实现无缝衔接,从而在这种互联互通中获取更多的数字档案信息资源,并在网络化服务中提升人们对档案管理工作的认同感和社会影响力。

7. 忧患思维

由于电子文件具有技术依赖、高度的存储需求、虚拟的展示和迅速的传输的特性，它们的故障、错误、秘密泄露和资产损失的可能性正在逐渐提高。此外，由数字化引发的破坏通常在短时间内发生，并且破坏力非常大，因此，档案信息化建设的开展需要做到未雨绸缪、警钟长鸣、防患于未然，"一手抓人防，一手抓技防，两手都要抓，两手都要硬"。

（二）重构档案管理人员的知识结构

根据档案信息化的需要，要对现代档案管理工作人员的知识结构进行以下的补充：

1. 需求分析知识

档案信息系统的建设必须以用户为中心，以其需求为方向。因此，档案管理工作人员必须具备前瞻性和全面的分析能力，以此来理解文件信息的目标受众和未来受众、学院的内部和公共的需要，还有现有和未来的需要。同时，他们也要准确地阐明和描绘文件信息系统的性能、数据和功能的要求。

2. 信息鉴定知识

在信息化时代，档案信息的数量庞大、类型繁多、价值多样。只有具备对电子档案信息状况和内容价值的鉴定知识的档案管理工作人员才能准确、迅速地获取和收集具有档案价值的信息，并根据其重要性来设定保管期限。

3. 科学决策知识

档案的信息化必须依赖于科学的决策。因此，档案专业人士需要拥有策划执行计划、进行深入研究和制定科学策略的技巧，这样才能准确地指导我们的行动。从宏观角度看问题，全面考虑问题，能够避免在信息化建设过程中出现错误和遭受损失。

4. 相关法律知识

档案管理工作人员必须掌握档案信息化技术，并且应该熟悉和了解与档案信息化的规则、法律、体系和标准等相关的专业知识，还要具备将信息技术与档案业务结合起来的依法行政的执行能力。

5. 系统开发知识

为了将信息科技和档案业务紧密融合，档案管理工作人员有责任投身于档案管理信息系统的开发过程。因此，他们需要精通一些软件工程的基础知识和软件开发技能，并且能够运用信息科技的专业术语进行流畅的交流，精准地阐述自身的需求。

6. 系统评价知识

档案管理工作人员必须拥有评估档案信息系统的能力，能够从计算机技术和档案管理的专业角度来衡量档案信息系统的直接和间接收益。他们应该能够评估其所有指标，如性能、经济和系统管理等，并且能够针对系统中的问题提出改进的建议和观点。

（三）提升档案管理人员的操作技术

1. 信息输入技术

档案的管理人员要熟练利用各种技术，如先进的文字、语音和图像识别输入方法，数码摄像和摄影技术，以及数据导入和导出转储技术等，以便能够快速且精确地输入声音、文字、图像和视频等信息。

2. 信息加工技术

档案管理工作人员需要具备使用信息检索工具的能力，如从特定的服务器、网页和脱机设备中获取档案信息；根据档案的内容和形态特性进行分类；按照档案的内在关联进行组件、组卷或组盘；采用手动或自动的方式对档案进行标记和记录，对档案元数据进行收集、封装和管理。

3. 信息保护技术

档案管理工作人员还需对数据库的运营、组织、迁移、加密、签名、脱机保存、网络访问监控进行数据备份，以及保持对电子文件的准确、完备、有用与安全的相关技巧有深入的了解。

4. 信息处理技术

档案管理工作人员需要对文本编辑、图像处理、视频编辑、文件格式转换、数据下载或上传等技术有所了解和掌握。通过学习和掌握档案多媒体编研技术，可以根据特定的主题，编辑和制作出相应的档案编研成果。

5. 信息查询技术

档案管理工作人员需要依据用户的查询需求，准确地选择检索项、关键词、主题词和分类号，并且能够正确地构建检索表达式。能够对于在线或离线存储的文本以及超文本的全文信息进行检索，然后对检索结果进行打印、下载、排序和转发等操作。

6.信息传输技术

档案管理工作人员还需要精通信息传递的技巧，包括通过短信、微博、微信电子邮件等途径来接收并分享视频、文字、图片以及声音等各种档案信息。

（四）优化档案管理队伍结构

档案管理队伍至少需要以下四类专业人员：

1.研究人员

档案信息化需要科学的理论指导。没有理论指导的实践是盲目的，与实践分离的理论是空洞的。研究人员是理论探索者与实践指南，他们的主要职责是研究档案信息系统建设理论；探索电子文档存档管理和电子档案科学存储与远程使用的方法；研究档案馆新技术和新方法的应用；研究和开发先进适用的档案信息管理软件；实行电子文件和数字文件管理的标准化；主办或参与档案信息研究；从理论与实践相结合的角度，指导档案信息化的发展；培养档案信息化建设人才。目前，档案信息化研究人员主要由档案信息化工作人员与高校师生组成。他们各有优势，各有其理论和实践上的不足，双方需要结合彼此的优势、相互补充，促进理论与实践的紧密结合和良性互动。

2.管理人员

档案信息化是一项复杂的系统性工程，必须有严谨的目标管理和精确的过程监控。档案管理工作人员的核心任务是了解国内外档案处理的当前情况、经验教训以及发展动向；编制实际可操作的档案处理策略和执行计划；设立相应的管理策略和准则；组织、引导、监督学校的档案处理任务；调整档案处理与其他外部信息系统建设的联系。培养和使用档案信息化人力资源；有效提高和合理利用信息化建设资金。目前，档案管理工作人员主要负责各档案馆的大部分档案信息管理工作，拥有丰富的传统档案管理理论知识和实践经验。然而，他们往往缺乏信息知识和技能，而且由于业务繁忙，他们缺乏信息技术教育，可能导致文件信息管理的缺失或错位。因此，迫切需要通过各种渠道提高现有档案管理工作人员的信息素养。

3. 运营人员

档案信息化工作涉及许多环节并且具有强大的可操作性,它需要一批既了解文件管理业务又了解计算机操作技能的专业人才。这类人才的核心任务是运用电脑网络技术,主要负责收集、整理、分组(组件)、分类、编目、扫描、储存、辨识、检索以及数据备份。他们的工作责任和运营能力与档案信息资源的安全性、质量和价值直接相关。因此要求运营人员具有强烈的信息安全意识、高度的工作责任感和熟练的操作技能。

4. 其他人员

(1)法律人员

档案信息的建设,特别是网站,可能会涉及保密、隐私保护、知识产权、合同管理和网络安全等法律问题,因此需要具备相关法律知识的人员提供法律援助。

(2)数据库管理人员

数据库的定义、操作和维护、资源配置、权限设置、数据迁移等都需要数据库管理专业知识,这项工作通常由学校的信息技术人员执行。如果数据库服务器属于档案管理部门,那么档案管理部门也需要配备这样的专业人员。

(3)多媒体编辑和研究人员

大学档案馆需要配备必要的多媒体文件编辑人员,从事多媒体文件的收集、整理与编辑工作。

值得注意的是,执行上述人员结构的关键是档案管理部门的职位设置。由于每所大学都受到人力资源编制的限制,上述职位可以设置为全职或兼职,但某些职位并不是很适合兼职工作,可能会影响工作效率。

二、加强档案信息资源共享

(一)加强高校档案馆参与信息公开的力度

在高校信息公开的背景下,无论是对档案参与的可行性进行评估,还是对其外部环境进行研究和构建,都能寻找到更详细、更真实的参与方式。唯有如此,才能把之前的分析转变为更稳定的实践行动,突出档案信息管理的实际价值和现实意义。

1. 确定高校档案馆参与信息公开的内容

高校的信息公开通常被划分为两个主要领域，第一个领域是高等学校应当积极公布的信息，第二个领域则是公众、企业以及社会团体提出的公开申请。《高等学校信息公开办法》所规定的大学公开的信息主要涵盖了这两种类型，第七条详细阐述了大学应当公布的 12 种信息，而第九条则对需要根据申请公开的信息做出了标准化的解释。《高等学校信息公开办法》的一项重大改革就是采用条目化的方式来列举大学的公开信息，这种方式比起简单的说明性条款，更有针对性和实用性。

（1）开放档案

《高等学校信息公开办法》对 12 项公开资料的设立主要是针对其内容进行设置，涵盖了大学的基础状态、法律法规、经济、招聘、采购等众多关键环节。因此，大学的信息透明度不仅包括与国家安全、商业机密和个人隐私相关的资料，还包括其他各类资料。观察时间序列，我们需要确保信息的公布覆盖了整个信息流转的环节，这里面不仅要涵盖那些真实存在的信息，还要包括那些经历了长期积累的文件资料。绝对不能忽视任何一个环节，也不能将信息的公布仅限于当前存在的信息。根据对信息公开的核心理念以及对信息需求实际情况的研究，发现大学的信息公开应该涵盖当前的信息和过去的档案。《高等学校信息公开办法》中"已经移交档案管理工作机构的高等学校信息的公开，依照有关档案管理的法律、法规和规章执行"的条款再一次验证了这一看法。

所有的档案信息资料构建了高校档案馆的基础，同时也提供了深入揭示高校人文精神的活泼元素。在信息公开方面，高校档案馆的所有档案信息资料构建了它的核心财富，并且是获取高校历史信息的重要渠道。在高校的持久进步中，我们可以看到许多形式的信息被收集并储藏，然后随着时间的积累，高校档案馆所储藏的信息更加全面和系统。这同样揭示了高校档案馆在高校信息公开中的重要性。然而，高校档案室的全部储存物品并非都可以公开，必须按照《档案法》及《高等学校档案管理办法》的相关条款进行操作。换句话说，所有符合公开条件的档案都应被纳入大学信息公开的领域，而对于公开档案的确认则是信息公开的核心任务。为了保障公开档案的精确性和信息的安全性，高校档案馆可以设立档案密级鉴定小组，遵循"公开为准则，不公开为例外"的基本原则，排除涉及国家机密、商业机密和个人隐私的信息，严格规定归档信息的密级范围，对所有的馆藏档案应明确标注其密级状态。所有被标记为"公开"的档案资料都应该允许公之于众。这样，档案管理部门可以将档案信息的密级划分的重要性转化为实际行动。特别需要强调的是，所有在"文件"阶段就被"公开"的信息，在归档为"档案"后，应该继续保持其密级状态，直接成为开放档案的一部分。

（2）现行文件

目前的文件名称来自文件生命周期理论中的文件使用阶段的区别，依照这些阶段的差异性，我们能够把它们划分成当前、半当前和历史储藏三个阶段。高校档案馆的当前文件资料主要由高校档案馆特别搜集的各类当前文件数据构成，其中，大多数数据来自学院内的各个部门的公告，还有一些数据即使已经被整理，也依然具备当前的使用效果。一方面，这取决于某些档案的实际时间和价值，另一方面，则取决于高校的档案整理和处理的即时性。根据《高等学校信息公开办法》所列出的所有公开资料，我们能看出，当前的文件资料是信息公开的重要构成元素。

（3）委托公开的其他信息

根据《高等学校信息公开办法》，高校必须把学校的基础规则整理成册，放在与学校相关的内部组织机构的办公室、档案室、图书馆等地方，供人们免费查阅。这样做不仅能够清晰地表明高校档案室作为高校信息透明的法定场所，同时也能看到"高校基础规则整理成册"的成果也能被大学档案室公之于众。所以，高校档案馆不仅承担起公开档案和当前文件的职责，还需要提升自身设施，创建一个优秀的高校信息公开环境，并且接受学校授权公开的其他相关信息。

2.运用多种方式扩大高校档案馆信息公开范围

在确定了高校档案馆可以公开的信息范围之后，需要研究高校档案馆参与信息公开的方法，以便更全面地推进大学信息公开工作。

（1）网络平台

随着网络科技的持续进步和普遍应用，网络已经成为社会各领域必须重视的主要传播手段之一。与传统的传递方式相比，网络的即时性和便利性更能体现出信息公开的核心价值。高校档案馆有能力创建一个专门的网站来公开高校的信息，或者把这些信息融入高校档案网站的一个关键环节。大多数的高等教育机构拥有独立的档案管理体系和信息分享平台，这使得它们能够在确认所收集的档案的保密等级后，向外界提供相关的开放档案的信息。另外，它们还能把当前的教育资料和其他必须分享的信息整合到档案网站中，从而使得高等教育机构的网站从单独的部门网站转变为整合了所有学校信息的统一平台。此举不仅推动了高校的信息透明度，也有助于学生深入理解和掌握学院的档案措施和所有相关的文件资料。

（2）政府信息出版物

尽管网络平台发布的信息具有便捷和即时的特性，但由于电子文件证据力不足和网络传播的安全性受到质疑，使得网络平台上传播的信息缺乏法律效力。因此，网络平台应该被视为信息公开的主要渠道，而非唯一的方式。参考政府信息公开的做法，编辑政府信息出版物是解决这一问题的有效方法。被称为政府信息出版物的资料，其实是由高级教育机构或其他相关的信息公开机构以其名义向社会公众发行的。这类出版物通常专注于向社会传递有关学校进步的各项重要事项的规章制度，目标就是全面地传达与学校进步有关的信息。身为高校信息透明度的积极推动者，高校档案馆有责任积极投身于高校信息透明化出版物的创建过程，更有能力挑选恰当的主题来自发地创建大学信息透明化出版物。

（3）固定查阅场所

尽管现场查阅的方式相对较为初级，效率也不及网络平台那么高效，但是设立固定的信息查阅地点却是一种不可忽视的信息公开途径。对于那些对信息需求不够明确、检索能力有限的查阅者来说，现场查阅显得尤为重要。高校档案馆在建立信息查阅空间方面具有天然的优势，可以借鉴档案阅览室的经验，甚至可以直接利用档案阅览室来构建信息公开查阅空间。

（4）高校档案馆参与信息公开的受众客体

高校档案馆是接收并使用学院信息的机构。根据《高等学校信息公开办法》的明确规则能够看出，学校的信息公告主要针对的是公民、企业及其他组织，我们应该尽量扩大这一覆盖范围。这无疑是基于大局的普遍认识，针对特定的信息公示案例，我们必须根据具体的情况进行详细的分析，并且尊重每个人的独特性。就公示的目标来看，接收者有可能是法人或自然人，但在实际操作中，它们往往被简化成仅仅是自然人的接收者，事实上，法人同样是信息公示的关键目标之一。

根据高等教育机构的特性，高校信息公开的目标受众可以划分为校内和校外，或者将信息公开分为校内公开和全社会公开。如果说校内公开是"对学校内部管理的一些公开"，是"为了让教职员工参与和管理学校事务"，而"公开的目标是学校内部的教职员工"，那么高校信息公开的核心理念就是要让可公开的高校信息在最广泛的范围内传播，最大化地满足社会大众的知情权。

因此，高校的信息公开应面向社会大众，而非仅限于学校的教职员工。《高等学校信息公开办法》也赋予了高校选择信息公开的受众范围的权利，即高校的信息公开范围可以分为校内外两种。然而，高校也不能滥用这种权力，使其转化为妨碍信息公开的障碍。相反在制作或存储一份信息时，应清楚地标明其是否公开以及公开的范围。

3. 加强内部基础建设

参与高校信息的公开是高校档案馆扩大功能和改变形象的关键机遇。为了成功地进行高校信息的公开，高校档案馆不仅需要优化其外部环境，还应该提升其内部基础设施的建设。

（1）建立高校现行文件中心

虽然高校档案馆并不是高校现行文件产生的主要部门，但是高校档案馆在开展现行文件公开业务方面有着自身的优势。在理论层面上，设立现行文件中心在高校档案馆是对文件生命周期理论中的全面性特征的重视，也是对文件的首要和次要价值的深入理解。在硬件设施方面，高校档案馆可以主动利用现有的库房资源和开设档案阅览室的经验。因为档案与文件之间存在着自然的联系，所以档案管理工作人员对文件无疑是了解且熟悉的。他们完全有能力成为现行文件管理和使用服务的市场专家。

在实际操作中，高校档案馆可以通过部门主动报送和自行收集的方式来收集现行文件，其中主要以部门主动报送为主。同时，需要注意信息的数字化和系统化。部门报送可以采用定期和随时报送的方式，并根据信息内容的差异，向高校档案馆及时提交相关信息。在收集信息的方式上，需要重视对增量文件和电子文件的收集和利用，以避免不必要的重复数字化工作，为信息的网络化应用奠定基础。对于现行文件的管理，高校档案馆需依照信息的源头和主题，创建适当的现行文件公示目录与导航，确保信息的有条不紊、系统完善，并能够进行有效的数据处理。至于现行的文件传播，高校档案馆可以通过使用高校的官方刊物、创作现行文件传播材料、设置专业的网站等途径，尤其需要关注网络平台的运用，以增强信息传播的即时性与便利性。然而，我们还需要全面地审查目前的文档资料，防止信息被泄露或者其公布的区域过于广泛等情况的发生。

（2）加强档案密级鉴定

在档案学的范畴，"鉴定"这个术语被广泛应用，其含义就是评估一份文件的真假和价值。档案鉴定就是评估一份文件是否可以转化为文件，并且评估文件价值的一个流程，这个环节在文件管理中占据着极其关键的地位，同时也吸引了档案学的研究人员和应用人员的广泛关注。然而，档案保密等级的评估任务相当滞后，几乎没有得到人们的重视。在信息透明的环境中，保密等级的评估成为一个不可忽视的议题。保密等级的评估主要依据一些特殊的规则、准则和手段，来判断、确认并标记档案的保密等级，这样可以清楚地知道每份档案的应用区域，并且能够合理协调档案的利用，从而推动档案的使用工作能够顺畅地进行和健康发展。

对于文件和档案的保密等级的评估直接影响到其是否能够公开以及公开的范围。然而，在"保密安全、开放危险"的传统观念的约束下，档案管理工作人员通常较为保守，甚至过度谨慎的情况，存在着过度保密而缺乏开放的问题。主要是以下原因导致了这种状况：第一，我国在定密方面的法律法规并不健全。目前，我国并未制定出一套统一的定密法规，导致尽管涉及定密工作的部门众多，但每个部门都没有明确的责任。第二，密级划分的不一致和标识的不规范。例如，在大学信息中，哪些应该向全社会公开，哪些应该在学校内部公开，都缺乏一个统一且明确的规则。第三，缺乏一个动态的档案密级鉴定系统。随着时间的流逝，档案信息的密级应该相应地改变。然而实际情况是，一份档案信息在经过一次鉴定定密后，很少再对其密级进行调整，导致"有人定密，无人解密"和"一次定终身"的情况出现。大部分涉密文件被定为终身，缺乏动态管理，这与信息公开的需求形成了鲜明的对比。因此，为了让高校档案馆能够参与到信息公开的活动中，必须强化相关的档案密级鉴定工作。

档案密级鉴定是大学档案馆参与信息公开活动的核心环节，只有做好档案信息的密级鉴定工作，高校信息公开才能真正落地生效。首先，高校需要建立专门的密级鉴定体系。在国家尚未制定统一的密级鉴定法规的情况下，大学应根据自身的实际状况，在不违反现行相关法律法规的前提下，制定易于实施的密级鉴定体系，明确规定各种密级等级的分类标准及其标识。尽管这是一项理论上复杂且实践起来困难的任务，但如果缺乏相应的制度规定，高校信息公开的密级鉴定工作也将难以深入进行。其次，高校档案馆需要擅长与相关部门合作建立联合鉴定机构来进行档案密级的鉴定。尽管高校档案馆在文件信息处理方面积累了丰富的知识，但考虑到大多数文件信息都是由学校其他部门创建的，所以，如果想要优化档案信息的保密性鉴定任务，就需要擅长与相关部门协调，并建立一个联合的鉴定机构来完成保密性的鉴定任务。最后，要真正建立起动态的档案密级鉴定系统。在进行档案密级鉴定的过程中，必须对具有密级的文件设置清晰的条款，这样才能在文件管理系统或文件实体中明确规定文件的信息密级、解密的时间以及再次进行密级鉴定的时间，从而避免"一次定终身"的问题。

（3）将信息公开纳入数字档案馆建设体系

建设数字档案馆不只需要采用现代信息技术，更需要刷新管理观念。在高校信息公开的环境中，高校档案馆参与信息公开已经成为必然趋势。同时，作为传统档案馆的进步和提升，数字档案馆的建设也需要将信息公开的思想融入其建设过程中。

要把信息公开的理念融入数字档案馆的建设体系中。数字档案馆不仅需要对传统档案馆进行技术革新，更关键的是要引入先进的管理理念，其中信息公开理念就是其中的一个重要部分。在建设高校数字档案馆的过程中，应直接展示信息公开的部分。例如，我们可以在档案管理系统中融入信息密级鉴定的元素，这将为档案信息的公开奠定基础；我们也可以为学校的文档管理系统构建数据接口，使得文档管理系统能够无缝链接；档案管理系统可以在数字档案馆的门户网站中整合档案信息公开和现行文件公开等内容，为大学信息公开提供一个发布平台。

（二）构建基于信息资源共享的高校档案管理模式

当前，高校档案信息资源的社会需求不断提高，构建基于信息资源共享的高校档案管理模式势在必行。

1. 强化管理层的系统管理意识

建设高校档案信息资源是一个系统性的工程，在信息技术迅速发展的今天，技术难题已经不再是信息资源共享的挑战。由于涉及众多的高校，并且各个高校之间相对独立，因此，计划、协调、领导和管理变得更为关键。这就需要由高级政府或教育管理部门来引领档案信息资源共享的建设，进行统一的协调。建设应从上到下，从顶层开始设计，逐渐向下推进。从下到上的建设方式可能会导致各自为政和重复建设，只有从上到下的全局规划才有可能实现整体结构的合理性和全局网络的优化。高级规划和总体设计不只是需要提升高校领导者的档案管理意识，更需要政府和教育管理部门的领导层有强烈的建设档案信息资源共享的意识。信息资源管理主要在国家级的宏观层面、网络级的中心和组织级的微观层面进行。目前，我国的高校档案管理仅限于组织级别的微观层面。要建立一个基于信息共享的高校档案管理模式，就必须超越微观层面，从微观、中观和宏观三个角度来构建。因此，高校档案信息资源共享的顺利实施以及其进展速度和成效，与领导层的认识和重视程度有着紧密的联系。

2. 加大档案管理的投入

随着校园网络的构建和电信运营商在高校校园中的激烈竞争，数字化校园的发展速度非常快。然而，由于对档案信息化和数字档案馆建设的关注不够和资金投入不足，这些方面的进展相对较慢。为了提高档案信息化的发展速度，高校需要增加资金投入，强化基础设施的建设，购买先进的设备，并且要及时更新设备。对于档案信息化的建设，充足的资金支持是至关重要的。在资金投入的总量方面，一个有效的策略就是把一部分的教育资金投入档案信息化建设的专项资金中，并且这个比例会逐年提升。随着大学教育资金的不断增长，这个专项资金能够以更快的速度进行增长。

3. 重视信息服务中心和档案信息集成共享系统建设

高校档案信息服务中心不只专注于大学的教育、科研以及管理，同时也为社会提供服务，它是一个拥有全局视野、开放性的服务机构。档案信息服务中心由档案保存、整理以及档案查询和服务三个主要部分构成，同时承担着档案保存、整理和提供档案查询服务等多重职责的管理机构。

高校各个职能部门生成的档案资源，具备开发和利用价值的部分将被纳入档案整理服务的流程中，进行全面的开发，以实现档案信息资源的增值。经过增值的档案信息被引入档案查询服务部门，提供相关的信息咨询服务。最终步骤是信息的回馈，其中涵盖了用户的反馈或建议以及高校档案的使用成果。这些回馈的信息被用作进一步开发档案信息的基础，并具备优化档案信息服务中心的功能。

假如每个高校只是设立了自己的档案信息服务中心，而没有一个能够协调和整合各个高校档案信息服务中心的信息共享集成系统，那么各个高校的档案信息服务中心就会变成"信息孤岛"，信息资源共享的障碍并未被消除。所以，为了实现大学之间档案信息资源的融合和分享，构建档案信息整合共享系统是必不可少的。

借助各高校的档案信息服务中心，能够创造出一个具备多重功能的、相互补充的档案信息资源库，这个过程打破了原先高校间的隔阂。与传统的高校档案馆相比，高校档案信息服务中心以及信息共享集成系统的服务内容更为全面，提供的服务方法也更具人文精神，并且提供的服务水准也更为先进，它们都是一个大学档案信息资源共享的重要平台。

参考文献

[1] 赵芳，徐荣丽.高校档案管理工作管理[M].哈尔滨：东北林业大学出版社，2018.

[2] 李扬.高校档案管理与信息安全研究[M].北京：北京工业大学出版社，2020.

[3] 黄兆红.信息时代下的高校档案管理[M].延吉：延边大学出版社，2019.

[4] 陈一红.我国高校档案管理工作创新研究[M].天津：天津人民出版社，2019.

[5] 王晓珠，袁洪.高校档案管理探索[M].昆明：云南大学出版社，2011.

[6] 刘健美.信息安全视域下高校档案管理研究[M].北京：国家行政学院出版社，2015.

[7] 范杰，魏相君，敖青泉.信息化视角下高校教学档案的建设与管理[M].长春：东北师范大学出版社，2019.

[8] 王小芳.高校档案管理研究与探索[M].长春：吉林大学出版社，2018.

[9] 王颖，周志刚，李鹤飞.高校档案规范化管理研究[M].北京：中国建材工业出版社，2018.

[10] 陈海燕.高校档案管理研究[M].长春：吉林大学出版社，2017.

[11] 霍成龙.分析信息技术背景下高校档案管理信息化建设思考[J].吕梁教育学院学报，2022，39（4）：122-123.

[12] 张晖，吴园园，付贺，等.大数据时代地方高校档案管理模式创新研究[J].科技资讯，2022，20（22）：232-235.

[13] 郭兰芳.信息化视域下高校档案管理工作探析[J].安徽电子信息职业技术学院学报，2022，21（5）：103-106.

[14] 肖艳丽.大数据背景下高校档案管理模式的改进策略[J].文化产业，2022（28）：1-3.

[15] 李慧.简析大数据背景下高校档案管理模式的变革与发展[J].数据，2022

（9）：65-67.

[16] 谢晖."互联网+"时代高校档案管理工作研究[J].中国报业,2022(14)：122-123.

[17] 许丽媛.高校档案管理模式创新路径探索[J].科技视界,2022,12(19)：17-19.

[18] 张开震.我国高校档案管理工作研究[J].黑龙江人力资源和社会保障,2022（16）：137-139.

[19] 陈建华,张剑.数字化时代下高校档案管理信息化建设探究[J].兰台内外,2022（11）：4-6.

[20] 晋晓辉.高校档案管理数字化及档案管理创新[J].兰台世界,2021（11）：92-94.

[21] 王晨加.高校档案管理现状、问题及对策研究[D].贵阳：贵州大学,2021.

[22] 靳一.我国高校档案管理工作研究[D].沈阳：东北大学,2014.

[23] 张一凡.高校档案移动服务平台建设研究[D].南宁：广西民族大学,2021.

[24] 牟奇蕾.高校档案馆信息服务质量研究[D].武汉：华中师范大学,2021.

[25] 张鑫楠.高校学生档案管理现状调查[D].沈阳：辽宁大学,2020.

[26] 毛星星.湖南省民办高校档案管理研究[D].湘潭：湘潭大学,2018.

[27] 张鲲.网络环境下高校档案管理系统的设计与实现[D].大连：大连海事大学,2011.

[28] 王金晶.高校档案管理的公共服务质量优化问题研究[D].上海：上海师范大学,2016.

[29] 张金凤.高校教学档案信息化管理研究[D].南宁：广西民族大学,2010.

[30] 林秀.高校档案信息化管理问题及对策研究[D].福州：福建师范大学,2017.